L'éternité
chaque
jour

IRMA ZALESKI

L'éternité *chaque* jour

Une traduction de Josée Latulippe

NOVALIS

L'éternité chaque jour est publié par Novalis.

Titre original: Door to Eternity

© Novalis, Saint Paul University, Ottawa, Canada, 2001

ISBN: 2-89507-106-3

Révision linguistique: Yolaine Boucher

Couverture: Mardigrafe inc.

Éditique: Suzanne Latourelle

© Novalis, Université Saint-Paul, Ottawa, Canada, 2002

Les textes bibliques sont tirés de la Bible TOB.

© Société biblique française et Éditions du Cerf, Paris, 1988

Avec l'autorisation de la Société biblique canadienne

Dépôts légaux: 1er trimestre 2002
      Bibliothèque nationale du Canada
      Bibliothèque nationale du Québec

Novalis, C. P. 990, succursale Delorimier, Montréal (Québec), H2H 2N7

ISBN: 2-89507-229-9

Imprimé au Canada

Nous reconnaissons l'aide financière du gouvernement du Canada par l'entremise du Programme d'aide au développement de l'industrie de l'édition (PADIÉ) pour nos activités d'édition.

Données de catalogage avant publication (Canada)

Zaleski, Irma, 1931-

    L'éternité chaque jour

    Traduction de: Door to Eternity

    ISBN: 2-89507-229-9

    1. Mort – Aspect religieux - Christianisme. 2. Vie future – Christianisme. 3. Foi. 4. Espérance – Aspect religieux – Christianisme. I. Titre.

BT825.Z3514 2002   236'.4   C2001-941907-4

NOVALIS

Préface

La mort m'a toujours fascinée. Enfant, déjà j'essayais de m'imaginer ce que ce serait de mourir. J'avais peur, j'étais même terrifiée, mais j'éprouvais aussi une certaine curiosité, une sorte d'excitation, comme cette anxiété qu'on ressent avant de partir pour des contrées étranges et inconnues. Ce qui me fascinait le plus, je crois, et c'est toujours le cas, était le caractère inévitable de la mort, cette certitude absolue qu'un jour, à un moment précis, cela m'arriverait à *moi*, que moi aussi je me mettrais en route pour entreprendre ce voyage. Il n'existe rien dans la vie, rien du tout, qui soit aussi sûr, aussi inévitable que la mort.

Pour moi, comme pour tant d'autres enfants de ma génération qui ont grandi en Europe, la réalité de la mort n'était pas une idée difficile à concevoir. J'avais huit ans quand la Seconde Guerre mondiale a commencé. Pendant les sept années qui ont suivi, la mort était présente partout: la mort de membres de ma famille et d'amis; la mort à la suite de torture et de coups, par les pelotons d'exécution et les bombes; la mort dans la rue, les prisons, les ghettos et les camps de concentration. Après la guerre, nous tentions de reconstruire notre vie dans un autre pays puis, éventuellement, sur le nouveau continent, et cette omniprésence de la mort s'est estompée, mais n'est jamais disparue tout à fait. Elle était là, comme un halo de ténèbres, sur tout ce que je faisais et pensais, sur tout ce en quoi je croyais. Comment aurait-il pu en être autrement? Je *savais* que la mort était bien réelle.

Aujourd'hui, bien sûr, je vieillis et la réalité de la mort est plus présente que jamais en moi. Il y a des jours où la mort — ma propre mort — me semble toute proche, sur l'autre rive du lac au bord duquel j'habite, ou peut-être derrière la prochaine rangée d'arbres, de l'autre côté de la colline. Parfois, je me sens déjà dans la salle d'attente, et bientôt s'ouvrira la porte que je devrai franchir. Mais parce que je ne peux pas comprendre ou imaginer ce qui se passera, le type de réalité qui m'attend de l'autre côté, ce qu'il adviendra de *moi*, je suis assaillie par la peur — comme tout être humain qui a vécu.

J'en suis venue à comprendre que c'est surtout l'incertitude — le fait de ne pas savoir — qui fait peur. Notre esprit a de la difficulté à composer avec ce qu'il n'arrive pas à saisir et à maîtriser. Aucune science ou technologie ne pourrait rendre notre mort facile et son résultat assuré. Notre seule certitude, notre seule vraie espérance, est la certitude de la foi: celle de notre confiance non pas en nous, mais en Dieu. D'autre part, cette foi et cette confiance sont difficiles à trouver pour la plupart d'entre nous. Elles sont encore plus difficiles à conserver quand nous nous retrouvons devant le mystère de notre fin inévitable.

Cependant, lorsque je jette un regard sur ma propre vie, malgré les détours et les difficultés de mon cheminement de foi, parfois tourmenté par la peur et le doute, je constate qu'il m'a conduite en un lieu de grande espérance. Le mystère de la mort nous laisse entrevoir la possibilité d'une joie et d'une gloire si grandes, si excitantes, bien au-delà de tout ce que nous pouvons rêver ou imaginer, qu'il vaut la peine de donner sa vie pour lui. Nous donnons notre vie — nous mourons — non pas une seule fois, mais à chaque moment de notre existence. C'est là notre mort et notre résurrection quotidiennes. C'est aussi la tâche de notre vie. C'est du moins ce que j'en suis arrivée à croire.

Irma Zaleski

Le trou de la mort

La plupart d'entre nous ne voyons pas la mort comme faisant partie de notre réalité quotidienne. Si nous y pensons, cela prend la forme d'un événement à venir, de quelque chose qui nous arrive à un moment précis, à la fin de notre vie sur terre. Le pays de la mort n'existe pas pour nous, jusqu'au jour où nous nous trouvons à sa porte. Le moment de la mort est un moment unique, inévitable, un moment de l'avenir, la dernière étape de notre séjour sur terre. C'est la fin de notre existence physique, de tout ce qui nous est familier, de tout ce qui est accessible à notre esprit. Une sorte d'«espace» de ténèbres mystérieuses et impossibles à connaître qui sépare notre vie sur terre de l'éternité et dans lequel nous devons tous entrer un jour, sans jamais en revenir.

Ce trou mystérieux et inconnu, ce «lieu» de notre mort, n'est pas, bien sûr, un lieu au sens physique du terme, et notre entrée dans cet endroit n'est pas un événement dans le temps tel que nous le concevons sur terre. Il s'agit plutôt d'un *niveau de réalité* que nous devons pénétrer et traverser sur le chemin de l'éternité. Cette entrée et cette traversée constituent l'avenir auquel nous ne pouvons échapper, mais également — et il est très important pour nous d'en prendre conscience — elles sont partie intégrante de notre existence quotidienne.

La mort n'est pas seulement un instant précis à la fin de notre vie, mais elle est présente et nous interpelle à chaque moment de notre vie sur terre. Nous devons *vivre* notre mort. C'est cette mort vécue — notre *mort quotidienne* — à laquelle Jésus nous appelait quand il affirmait que quiconque veut devenir son disciple doit *se renier lui-même* et *perdre sa vie* (*Marc* 8, 34-35). Se renier soi-même, perdre sa vie, c'est accueillir la croix de notre mort quotidienne. Les deux morts ne sont pas deux mais une seule; elles sont les deux côtés d'une même médaille, les deux bras d'une même croix; elles ne peuvent jamais être séparées.

Nous *mourons à chaque jour*, non seulement parce que chaque instant nous rapproche de la fin de notre existence terrestre, mais également parce qu'à chaque instant nous devons (car nous n'avons pas le choix) laisser aller tout ce qui a été, tout notre passé, et affronter une réalité nouvelle et inconnue, un nouveau commencement du temps. Tout ce qui nous entoure — la nature, le rythme de notre propre corps, notre respiration, nos pensées fugaces — en témoigne. *Pour porter du fruit, pour donner la vie, le grain doit tomber en terre et mourir* (*Jean* 12, 24).

Pour porter du fruit et grandir dans la plénitude de la vie à laquelle nous avons été appelés, nous devons laisser mourir notre pauvre moi terrestre — nous devons abandonner notre vie — non seulement une fois, mais chaque jour de notre vie. C'est seulement en accueillant notre «mort quotidienne» que nous pouvons, en étant encore sur terre, franchir le vide et *commencer* à entrer dans l'éternité, qui repose *au-delà* de la mort, et entrevoir sa gloire. La mort, dans cette vie ou dans l'autre, est la porte qui nous permet d'accéder à l'éternité; il n'y en a pas d'autre.

L'éternité

D e la même façon que nous avons tendance à considérer la mort comme un événement à venir, nous avons tendance à voir l'éternité comme l'«après-vie» et à l'imaginer comme une progression sans fin du temps commençant pour nous au moment de notre mort. Mais l'éternité existe *au-delà* de la dimension du temps, et les catégories qui nous servent à décrire notre réalité terrestre ne sont d'aucune utilité pour en parler. Dans l'éternité, il n'y a ni passé ni futur comme nous les connaissons sur terre. Pour l'éternité, le temps n'existe pas — elle *est* toujours et nous est donc toujours *présente*. Elle englobe et pénètre chaque moment de notre vie sur terre. D'une façon bien réelle, nous *sommes* déjà dans l'éternité, nous *vivons* en elle.

Lorsque nous affirmons que «l'éternité existe au-delà de la dimension du temps», nous ne voulons pas dire qu'elle serait un type de temps différent ou encore une autre dimension de la réalité terrestre pouvant — si ce n'est maintenant, peut-être plus tard dans l'avenir — être découverte et comprise par l'esprit humain, pouvant être étudiée et éventuellement mesurée scientifiquement. Telle que comprise par la religion, l'éternité n'est pas une réalité physique mais spirituelle; elle est participation à l'éternel *aujourd'hui* de Dieu. Comme toutes les réalités spirituelles, elle dépasse les capacités de l'esprit humain de découvrir et de «prouver», si perfectionnées que soient notre science et notre technologie[1].

Dans la tradition chrétienne, le mot «éternité» a deux sens, reliés mais bien distincts. L'éternité, c'est d'abord l'*immortalité* — la vie sans fin — accordée à chacun d'entre nous, au moment de notre conception, lorsque Dieu insuffla en nous son esprit et enveloppa notre mortalité d'immortalité. C'est aussi la *vie éternelle*, l'éternité passée en présence de Dieu et en union avec lui qui a toujours été, qui est et qui sera pour toujours.

Parce que nous sommes des *êtres spirituels* — nous avons un corps mais aussi un esprit —, nous ne pouvons pas mourir véritablement. Chacun d'entre nous, bon ou mauvais, possède une âme éternelle. Notre corps, du moins tel que nous le connaissons ici sur terre, comme tout le reste de la création physique, est sujet à la mort et à la décomposition. Mais notre âme — le *principe spirituel* en nous[2] — ne peut être dissoute. Elle peut être transformée, sanctifiée ou, Dieu nous en préserve, dépravée, mais jamais elle ne peut être détruite. Aucune puissance sur terre — pas même le démon lui-même — ne peut vraiment nous donner la mort.

En ce sens nous pouvons affirmer que la mort n'existe pas, qu'elle est un mythe et une illusion à abandonner. Tuer une autre personne ou se donner la mort — toute tentative de résoudre nos problèmes par la mort — est non seulement un mal et un péché terribles, mais, comme l'affirme une parole Zen, aussi futile que «de couper l'eau avec un couteau». L'immortalité nous a été donnée par Dieu; il est le seul à pouvoir nous la retirer, ce qu'il ne fera jamais. Dieu ne brise pas ses promesses, il ne reprend pas ses dons. Nous «survivons à la mort[3]» et vivons pour toujours dans l'éternité, que nous le voulions ou non.

La vie éternelle

Croire en la vie éternelle signifie pour nous, cependant, bien plus que croire en l'immortalité de l'âme. Avoir la vie éternelle, c'est partager la vie divine de Dieu, c'est vivre pour toujours en sa présence, faire un avec lui maintenant, au cours de cette vie, et après notre mort.

Même si la vie éternelle (c'est-à-dire l'éternité passée en union avec Dieu) est accessible à tous, elle ne nous est pas accordée «automatiquement». Elle ne nous est pas imposée, indépendamment de notre désir. Son «germe» — l'image divine dans laquelle nous avons été créés — a été planté en chaque être humain venant au monde. Cependant, pour que ce germe parvienne à maturité, nous devons l'accueillir dans la foi et le vivre dans l'amour. Nous *pouvons* refuser d'y croire et vivre comme s'il n'existait pas. Cet état de reniement et de refus — s'il persiste jusqu'à la fin — est ce qu'on appelle la «mort éternelle». Il ne s'agit pas de la mort de l'âme, car celle-ci ne peut mourir, mais de sa *défaite* complète et terrible.

À chaque moment de notre existence terrestre, nous choisissons notre destinée éternelle. Tout ce que nous faisons, nos moindres paroles, nos moindres pensées, chacune de nos inspirations, tout cela est déjà plongé dans l'éternité et possède une signification éternelle. En vivant toujours sur la terre, nous existons dans la progression du temps. Nous vivons un instant à la fois. Mais en tant qu'êtres spirituels, nous pouvons déjà, si nous le choisissons, participer au «non-temps» de l'éternité, le *présent* éternel.

La foi en la possible coexistence du temps et de l'éternité est l'un des fondements de toute religion. On pourrait peut-être définir la religion comme un chemin ou une «échelle» conduisant à une telle co-existence. Cette croyance est très clairement exposée dans les enseignements chrétiens. Le Credo, la liturgie, les sacrements, les icônes le proclament: le Christ, un homme comme nous, né à un moment précis de l'histoire, qui a vécu dans un petit coin de l'Empire romain, est mort sur la colline du Calvaire, a été enseveli et est ressuscité le troisième jour, ce Christ-là et le Verbe éternel coexistent avec le Père. Le Christ avec nous maintenant, sur terre, et le Christ déjà monté aux cieux, assis dans la gloire à la droite du Père. Le Christ, *l'Alpha et l'Oméga*, le Commencement et la Fin, en qui se rencontrent le temps et l'éternité.

Il en est de même pour nous. Nous sommes ici, à ce moment précis de notre vie, ployant encore sous le fardeau de notre mortalité. Mais l'heure de notre passage est déjà connue de Dieu, elle lui est déjà *présente*, lui qui vit au-delà du temps. Nous sommes déjà plongés dans sa gloire et sa lumière. Nous avons été «baptisés dans la mort du Christ» et avons été ensevelis avec lui, mais nous sommes déjà ressuscités avec lui et vivons avec lui dans l'éternité, chez nous. Voilà le grand mystère de notre foi, la réalité de l'éternelle présence de Dieu en qui «nous avons la vie, le mouvement et l'être» (*Actes* 17, 28). Toutefois, parce que nous ne pouvons le *connaître* — car nous ne pouvons ni le saisir avec notre esprit humain limité ni le voir de nos yeux terrestres —, ce mystère est pour nous rempli de ténèbres, et nous avons peur.

La peur de la mort

La plupart d'entre nous attendons la mort avec crainte, et même terreur, certains avec cynisme ou résignation, d'autres avec colère ou désespoir. La pensée de notre propre mort nous remplit d'horreur et nous luttons, parfois toute notre vie, pour la dissimuler ou la nier, même à nous-mêmes. Le refus de la mort est tellement courant dans notre société que son contraire — la conscience de la mort, la volonté de l'affronter et de l'accepter — est souvent qualifié de morbide et de non civilisé.

Même lorsque l'impensable se produit et que survient la mort, nous en parlons à voix basse et avec des euphémismes: nos morts ne sont pas morts mais «décédés»; nos établissements funéraires sont des «salons» où nous allons visiter nos parents ou amis qui nous ont «quittés». Nous faisons subir à leur corps des traitements indignes et horribles pour qu'ils aient l'air vivants, afin de nous éviter d'affronter la réalité de leur décomposition. Nos funérailles sont aussi courtes que possible; nous quittons en hâte le cimetière, laissant le cercueil caché sous les fleurs et la terre destinée à le recouvrir, dissimulée sous un tapis de gazon artificiel.

Pourquoi avons-nous si peur de la mort? En partie, bien sûr, parce que nous appréhendons naturellement ce qui pourrait nous arriver *avant* la mort. Nous avons peur de la maladie, de la douleur physique et de la perte de maîtrise de soi qui précèdent souvent la mort.

Tout être rationnel y pense de temps en temps, particulièrement quand arrive la vieillesse et que le corps commence à donner des signes que la décomposition est commencée.

Nous avons peur aussi de laisser toutes les personnes et les choses aimées. Nous nous tourmentons en pensant que ceux et celles que nous aimons et qui dépendent de nous devront peut-être poursuivre la lutte seuls. Nous anticipons leur douleur et leur sentiment de perte: nous portons le deuil avec eux. Comme l'a montré Elizabeth Kübler-Ross, nous *pleurons* notre propre mort[4].

Cependant, la plus grande peur qui nous habite est, à mon avis, la peur même de mourir. Nous craignons cet instant final dans le temps, cette fraction de seconde, peut-être, où nous serons arrivés à la toute fin de notre vie et devrons irrémédiablement mourir; où le corps demeurera, mais la vie, *notre vie*, devra le quitter; où nous nous trouverons devant une réalité dont nous-mêmes ne savons rien et sur laquelle personne ne peut nous renseigner.

Il n'existe pas une seule réponse à notre peur de la mort. Nous devons tous l'accepter de la façon la plus vraie — la plus réelle — pour nous. La réalité pure et simple de notre fin n'admet ni aveuglement ni faux-semblant. Le moment de notre mort doit sûrement être le moment de l'ultime vérité sur ce que nous sommes et sur ce que nous croyons vraiment. Cela peut très bien être pour nous une perspective très effrayante. Peut-être avons-nous déjà commencé à soupçonner notre petitesse et notre manque de foi véritable: nous sommes mal préparés pour ce qui s'en vient et nous en ignorons l'issue finale.

La peur de l'inconnu

Parce que notre esprit ne peut jeter un tant soi peu de lumière sur ce qui nous attend de l'autre côté de la porte de la mort, nous sommes terrifiés à l'idée de ce que nous y trouverons. Parce que nous ne pouvons savoir ou imaginer quel «être» nous serons une fois notre corps décomposé, nous sommes toujours tentés de penser que nous serons complètement anéantis. La peur de la mort, cette peur terrible et lancinante qui nous touche tous à un moment ou à un autre, est par-dessus tout, il me semble, la peur des ténèbres, la peur de l'*inconnu*.

Nous redoutons de ne pas savoir, parce que nous nous sentons alors impuissants. Nous sommes toujours en train de lutter pour obtenir le pouvoir de diriger notre propre vie, croyant que seule la connaissance — la connaissance rationnelle — peut nous le donner. Ne pas savoir est pour nous synonyme d'ignorance et d'irrationalité, une puissance dangereuse et destructive qui peut chambouler notre vie. Alors nous nous débattons pour nous bâtir un monde de sécurité, nous nous entourons de murs, nous planifions et organisons notre avenir de façon à toujours savoir à quoi nous attendre. Nous nous accrochons à l'illusion que nous avons le pouvoir de maîtriser ce qui nous arrivera, même dans un instant.

Comme il doit donc être difficile de prendre conscience que nous n'avons aucun pouvoir sur ce qui nous arrivera au moment le plus terrifiant de notre vie, moment auquel nous ne pourrons échapper! Il nous est insupportable de penser que nous entrerons seuls dans le trou de la mort, dans les ténèbres, sans savoir à quoi nous attendre. Nous ne pouvons accepter le fait que cette connaissance nous soit inaccessible.

Nous la recherchons parfois dans des endroits étranges. Nous nous jetons avidement sur toute vision, révélation ou expérience mystique dont nous entendons parler. Nous parcourons de grandes distances et suivons des itinéraires spirituels inhabituels. Nous cherchons à communiquer avec les morts, demandons des signes, des rêves «significatifs» ou toute autre chose qui nous permette d'entrevoir la réalité de l'au-delà. Pourtant, à la fin, après y avoir consacré des années et une grande partie de notre énergie spirituelle, en savons-nous vraiment plus qu'avant? Comprenons-nous davantage ce qui nous attend à notre mort? Avons-nous vraiment «résolu» le mystère de la mort?

Bien des idées et des images rassurantes — ou terrifiantes — naviguent, il est vrai, dans notre esprit. Mais à quoi nous serviront-elles lorsque nous arriverons finalement à la porte de l'éternité, quand notre cœur aura cessé de battre, que notre cerveau sera silencieux, vide d'idées et d'images? Lorsque nous serons convoqués à une rencontre avec Dieu, dont jamais nous ne pourrons connaître l'esprit mais qui voit chaque mouvement de notre cœur et de notre âme? Lorsque, que nous le voulions ou non, que nous soyons prêts ou non, nous devrons entreprendre le voyage au cœur des ténèbres inconnues que nous avons craintes tout au long de notre vie?

Tenter de percer l'au-delà

On suppose souvent que les gens profondément religieux devraient être capables de vivre le moment de leur mort sans aucune crainte. On croit que le chemin vers l'au-delà leur a été révélé, qu'il leur est clairement indiqué, que par leurs Saintes Écritures et leur enseignement ils savent ce qu'ils peuvent s'attendre à trouver de l'autre côté, les dangers à affronter et les façons de les éviter. Cela est peut-être vrai dans certaines religions, mais, étonnamment peut-être, cela ne l'est pas dans le christianisme.

Les chrétiens n'ont reçu aucun secret ni connaissance «ésotérique» du mystère de la mort, ils n'ont pas été immunisés contre la peur. Il n'existe pas de «Livre des morts» chrétien. Les chrétiens ne possèdent pas de manuel détaillé expliquant comment mourir ni d'instructions pour vivre le passage en toute quiétude. Comme le reste de l'humanité, comme le Christ lui-même, quand arrivera notre «heure», nous devrons nous aussi passer par les ténèbres de l'ignorance, sachant que nous ne pouvons compter que sur Dieu.

Il est vrai que les écrits de certains saints et docteurs de la tradition chrétienne (qu'on appelle habituellement «les Pères de l'Église») décrivent ce qui se passe pour une âme au moment de la mort et du difficile passage dans l'au-delà. Ils mettent en garde contre les grands dangers et les jugements qu'elle affrontera, contre les épreuves qu'elle devra subir. Ces écrits s'inspirent des intuitions, rêves et «expériences de la mort» décrits par certains saints[5].

Rien de ce que les saints ont dit ou fait n'est sans valeur pour notre vie de foi. Nous ne devrions donc pas écarter leurs intuitions trop rapidement, sans réfléchir. En revanche, elles ne devraient pas être prises au pied de la lettre, car leur but n'était pas de présenter une information scientifique ni de nous informer sur la géographie céleste. Certaines des images employées par les Pères sont manifestement fondées sur une compréhension des réalités physiques qui n'est plus acceptable de nos jours. Certaines sont le reflet de croyances — pas nécessairement chrétiennes — de leur époque sur la vie après la mort. On peut affirmer, il me semble, que, comme toutes les images religieuses, ces images devraient inciter à contempler les «réalités célestes» qu'elles représentent sans les considérer comme une description fidèle de la réalité.

La majorité de ces écrits et images proviennent de chrétiens de l'Orient et sont pratiquement inconnus en Occident. Les chrétiens d'Occident ont spéculé eux aussi sur ce qui se passe à la mort. On rapporte plusieurs «révélations privées» et visions de la mort et de la vie après la mort. Les arts et la littérature, de même que l'imagination et la piété populaires, particulièrement au Moyen Âge, se penchaient avec plaisir sur tous les scénarios possibles au sujet de la mort, du jugement et, surtout, des horribles supplices de l'enfer. Ces images étaient si populaires et si ancrées dans l'imagination et l'esprit des gens qu'elles sont devenues «vérités d'Évangile». Aujourd'hui encore — pour le meilleur et pour le pire —, elles jouent un rôle important dans la vie religieuse de plusieurs chrétiens.

Cependant, il est important de se rappeler que ces nombreuses tentatives pour «jeter un coup d'œil dans l'au-delà», tant en Orient qu'en Occident, ne font pas partie de l'enseignement universel de l'Église. Elles n'appartiennent pas à ce que la théologie catholique appelle le «dépôt de la foi», le «message» essentiel transmis aux Apôtres par le Christ et confié par eux à l'ensemble de l'Église. Elles sont des produits de l'imagination et de la piété humaines. Nous devons donc faire preuve de grande prudence et de discernement dans notre façon de les accueillir et de les transmettre. Gardons-nous d'ajouter des fioritures à ce qui nous a été transmis ou de nous laisser prendre au «vain leurre de la "philosophie", selon une tradition toute humaine, selon les éléments du monde, et non selon le Christ» (*Colossiens* 2, 8).

La même prudence est de mise en ce qui a trait aux études sur les expériences de «vie après la mort» rapportées par des personnes déclarées cliniquement mortes qui ont été réanimées. Ces récits peuvent être utiles et rassurants, et même inspirants, pour plusieurs personnes. Il ne faut toutefois pas oublier qu'ils tentent uniquement de décrire ce qui se passe *avant* que ne se produise la mort irréversible. Ce sont donc encore des expériences de *cette vie-ci*. Elles ne peuvent témoigner avec certitude de ce qui nous arrivera réellement au moment de la mort ou, plus important encore, de notre entrée dans la vie après la mort. Cela demeure un mystère et il semble que Dieu ait voulu qu'il en soit ainsi.

Le mystère du monde à venir

Le Christ nous a dit très peu de choses sur ce qui nous attend après la mort; ce n'est sûrement pas un oubli — une omission involontaire — de sa part. Il a souvent rappelé l'importance d'attendre la mort avec vigilance et nous a mis en garde contre le jugement que nous devrons subir. Toutefois, il n'a jamais «décrit» la vie après la mort et, quand il en parlait, c'était en images ou en paraboles. Il n'a pas dit à quoi cela ressemblait de reposer au tombeau, de visiter les morts aux enfers puis de ressusciter. Il n'a pas jugé nécessaire de nous dire ce qu'il avait «vu». Cela peut nous sembler décevant ou étonnant au départ, mais Jésus pouvait-il agir autrement?

S'il était possible de décrire et d'exprimer la vie après la mort à l'aide de nos mots humains, cela impliquerait qu'il s'agit d'une réalité *finie*, accessible par la capacité limitée de l'esprit humain de connaître et de comprendre. En d'autres mots, la vie après la mort serait du même ordre de réalité que notre vie actuelle. Ce type d'«éternité» n'arriverait jamais à nous satisfaire. Voudrions-nous vraiment vivre cette vie terrestre pour toujours, même délivrés des souffrances et aussi heureux que nous puissions l'imaginer? Ne nous lasserions-nous pas d'une telle existence, comme nous semblons nous lasser de tout dans la vie? Serions-nous vraiment prêts à abandonner tout ce que nous avons — même notre vie — pour gagner un prix aussi banal?

Si nous luttons pour dépasser nos limites en cette vie et acceptons l'appel à nous renier nous-mêmes, si nous tendons vers la sainteté et aspirons à rencontrer Dieu, c'est que, au plus profond de notre cœur, nous prenons conscience que nous avons été créés pour une vie plus grande et plus glorieuse. Comme nous le rappelle saint Paul, ce qui nous attend après la mort dépasse tout ce que l'œil a vu, tout ce que l'oreille a entendu et tout ce que l'esprit humain peut saisir (*1 Corinthiens* 2, 9). Ainsi l'exprimait mère Maria Gysi:

> Nous devons accepter de ne pas savoir, car nous ignorons les immensités qui s'ouvrent à nous après la mort. Nous nous préparons pour quelque chose d'un ordre très différent, plus grand que ce que nous connaissons maintenant, aux valeurs et aux repères entièrement différents[6].

Cette pensée est présente dès les tout débuts de l'Église. Déjà, saint Jean insistait: il nous est impossible, pendant notre vie sur terre, de connaître ou de parler de la vie après la mort. Nous sommes déjà enfants de Dieu et vivons en sa présence, mais ce que nous deviendrons dans la vie à venir n'a pas encore été révélé (*1 Jean* 3, 2). Comme l'écrivait l'évêque Kallistos Ware dans son livre *The Orthodox Way*:

> Grâce à notre foi dans le Christ, nous possédons dès maintenant une relation vivante et personnelle avec Dieu et nous savons, non pas de façon hypothétique, mais de façon certaine, que cette relation est porteuse d'une semence d'éternité. Pour ce qui est de connaître la vie, non dans la séquence temporelle mais dans l'éternel maintenant [...], dans un univers où Dieu est «Tout en tous», nous n'avons là-dessus que des aperçus, une conception obscure. Voilà pourquoi nous ne devrions parler qu'avec prudence, et respecter l'exigence du silence[7].

Nous ne devrions pas parler trop vite de choses que nous ne pouvons pas connaître et qui ne peuvent pas vraiment être exprimées à l'aide de mots. Nous ne devrions pas en vouloir à Dieu pour ses mystères, car ils sont les signes de la gloire inexprimable qui est notre but et notre véritable chez-nous. Le mystère de la mort et notre incapacité à le pénétrer avec nos esprits limités nous rappelle toujours la Réalité infinie — «l'immensité» — qui nous entoure et nous attend tous. Il existe un monde au-delà de notre monde ordinaire qui nous est révélé uniquement par la foi.

La foi

Affirmer que nous ne pouvons pas *savoir* ce qui nous arrive lorsque survient la mort ni comprendre l'éternité qui nous attend, ce n'est pas dire que nous n'avons reçu aucune lumière pour pénétrer les ténèbres au-delà de notre existence terrestre. La lumière qui nous est donnée n'est pas celle de la raison mais celle de la *foi*.

La plupart des chrétiens d'aujourd'hui, surtout en Occident, ne saisissent pas la vraie nature de la foi. Trop souvent, nous ne sommes pas conscients de l'immense beauté et du pouvoir de la lumière divine qui brille en notre âme. Pour la plupart d'entre nous, la foi n'est qu'une lumière vacillante. Nous avons tendance à la voir comme une forme de connaissance d'importance moindre que celle qui provient de nos esprits pensants et rationnels et que nous considérons généralement comme le plus grand des dons accordés à la race humaine. Mais la foi n'est pas un don moins important que la pensée; au contraire, elle l'est bien davantage. La foi est un don spirituel accordé à l'âme et, comme elle, elle est plus forte que la mort. À la mort, toutes nos idées et images doivent nous quitter; notre pensée — du moins tel que nous la concevons sur terre — s'arrête avec notre cerveau. La lumière de notre foi, elle, reste avec nous et nous guide à travers la mort jusqu'à ce que nous nous retrouvions dans l'éternelle réalité au-delà de toute connaissance que Dieu a préparée pour ceux et celles qui l'aiment (*1 Corinthiens* 2, 9).

Dans la tradition chrétienne, le don de la foi est le don de l'humble adhésion à la réalité invisible des «choses célestes» révélées par Dieu dans le Christ. Saint Thomas d'Aquin définissait la foi comme «un acte de l'intelligence adhérant à la vérité divine[8]». En d'autres mots, comme notre esprit ne peut découvrir ou juger la vérité de la foi, il ne peut qu'y adhérer lorsqu'elle lui est présentée. C'est pourquoi, dans la théologie catholique, la foi est souvent comprise comme un «acte de la volonté». C'est notre volonté qui pousse notre raison à croire. Nous *choisissons* de croire.

Toutefois, il est important de ne pas considérer la foi comme relevant uniquement, ou surtout, de l'intelligence et de la volonté. La foi n'est pas l'acceptation passive de certaines «définitions» ou «formules» énoncées par une autorité à laquelle nous devons obéir[9]. Elle est plutôt la reconnaissance intérieure que ce qui nous est enseigné est la vérité même semée en notre âme, vérité dont nous pouvons déjà faire l'expérience, même si c'est comme «dans un miroir, de façon confuse» (*1 Corinthiens* 13, 12). C'est l'expérience même vécue par les deux disciples en route vers Emmaüs, eux dont les cœurs étaient tout «brûlants» quand le Christ leur parlait, même s'ils ne l'avaient pas encore reconnu.

La foi est d'abord une question d'*amour*. Elle est, comme le rappelle sans relâche l'Église orthodoxe, une adhésion du cœur — non pas le cœur physique, mais le «noyau» intérieur, le centre même de notre être. La foi est une vision du cœur. La foi «se produit» lorsque nous «voyons» — reconnaissons — dans notre cœur une vérité et que nous l'accueillons librement dans l'amour. C'est ce que Catherine Doherty, fondatrice de Madonna House, appelait «tomber en amour avec

Dieu[10]». La foi transperce notre cœur et l'ouvre à l'espérance, à l'émerveillement et à la joie. Comme l'écrivait au quatrième siècle saint Basile, Père grec de l'Église:

> Tandis que dès maintenant nous contemplons les bénédictions de la foi, comme un reflet dans un miroir, c'est comme si nous possédions déjà les choses merveilleuses dont notre foi nous assure qu'un jour nous en jouirons[11].

Croire en ces «choses magnifiques» préparées pour nous par Dieu dans l'éternité, c'est croire qu'elles sont vraies non pas de façon générale — comme un fait historique, par exemple — mais vraies *pour nous*, qu'elles sont une réalité qui nous est présente, qu'elles deviennent pour ainsi dire la forme et le modèle de notre être. C'est aussi, par-dessus tout, être «assurés» que Dieu nous est présent *maintenant*, que nous pouvons le reconnaître lorsqu'il paraît devant les yeux de notre cœur — quand il se révèle à nous — que nous pouvons l'aimer et sommes prêts à lui faire confiance, aveuglément, même lorsque nous ne le voyons pas, même lorsque nous nous sentons abandonnés et complètement seuls.

La confiance en Dieu

Avoir une confiance «aveugle» en Dieu, c'est lui faire confiance sans lui demander de «preuves» ou d'explications, sans exiger de garanties dans la vie ou dans la mort. C'est s'abandonner entièrement entre ses mains et *croire* en sa bonté et en sa miséricorde infinies, peu importe ce que la vie — ou la mort — nous réserve. C'est croire que la volonté de Dieu pour chacun de nous est que nous possédions la vie en plénitude pour laquelle il nous a créés. C'est croire qu'il ne peut jamais désirer notre destruction ou notre condamnation dans cette vie ou dans l'autre. Notre vie et notre mort sont en sécurité entre ses mains.

Bien sûr, cela ne signifie pas que nous soyons libres de toute peur et de tout doute, que nous dansons de joie en pensant à la mort inévitable qui nous attend! Une telle foi, une telle confiance extraordinaire est accordée à un petit nombre de saints, mais n'est pas donnée à la plupart d'entre nous. Ne nous en plaignons pas, car le prix à payer pour vivre une telle confiance est peut-être bien au-delà de nos moyens. Elle exige un abandon total: mourir à soi, accepter de renoncer à tous les droits que nous pensions avoir, même à notre droit au paradis[12]. Peu d'entre nous acceptent de payer un tel prix ou sont en mesure de le faire. Et même ceux qui le font, les plus grands des saints, ceux qui ont manifesté le plus grand amour de Dieu, la plus grande confiance, ceux-là même vivront peut-être avec leur peur jusqu'à la fin; ils devront peut-être même faire confiance malgré leur peur. Sainte Thérèse elle-même, après avoir toute sa vie misé sur la confiance en Dieu, comme une enfant, écrivait ces mots peu de temps avant sa mort:

> J'ai peur d'avoir eu peur de la mort... Mais je n'ai pas peur d'après, bien sûr! Et je ne regrette pas la vie, oh! non. C'est seulement de me dire: Qu'est-ce que c'est que cette séparation mystérieuse de l'âme et du corps? C'est la première fois que j'ai éprouvé cela, mais je me suis tout de suite abandonnée au bon Dieu[13].

Nous ne devrions pas nous attendre à davantage de courage de notre part! Lorsque nous prendrons conscience de l'étendue de notre peur, ne perdons pas courage mais «abandonnons-nous immédiatement à Dieu». Demandons-lui sans relâche d'augmenter notre confiance en lui de façon à ce que, quand arrivera l'heure de notre mort, nous l'envisagions, sinon sans aucune peur, du moins avec un peu de courage et une dose de paix. Rappelons-nous que notre mort ne sera pas un saut dans la peur mais dans la foi — notre rencontre finale avec la bonté et la miséricorde infinies de Dieu. Voilà peut-être la seule «connaissance» de la mort dont nous avons besoin, la source de toute notre espérance.

L'espérance chrétienne

L'espérance chrétienne — notre «vivante espérance», comme l'écrivait saint Pierre — est fondée sur la foi en la résurrection de Jésus (*1 Pierre* 1, 3). Le Christ n'a pas supprimé la mort physique — nous devrons tous mourir — mais, en acceptant de mourir sans l'avoir mérité, «il en a retiré l'aiguillon»; il a «vaincu la mort par la mort», comme le proclame sans cesse la liturgie orientale de saint Jean Chrysostome. Si le Christ n'est pas ressuscité, affirme saint Paul, vaine est notre foi (*1 Corinthiens* 15, 14), nous n'avons aucune assurance de la vie éternelle. La lumière qui brille au-delà de la mort est la lumière du Seigneur ressuscité.

À la lumière de la présence du Christ ressuscité, la mort ne peut jamais être considérée comme un simple événement «naturel» — une fin inévitable à notre vie terrestre. La mort est également toujours une réalité spirituelle, peut-être l'événement spirituel le plus puissant de toute notre vie. En effet, je crois qu'il est possible d'affirmer que la mort chrétienne est sacramentelle; comme tous les sacrements, elle est signe et gage de la vie éternelle, source de grâce. Si, au moment de la mort, nous nous ouvrons à la présence de Dieu qui vient à notre rencontre, si nous nous abandonnons à lui et l'accueillons, il nous remplira de sa propre vie et nous ressuscitera par la puissance de son amour. Selon l'expression de saint Maxime le Confesseur, toute mort est une «initiation au mystère de la résurrection»[14].

ous est parfois difficile de comprendre comment résurrection du Christ, un événement qui s'est produit il y a tant de siècles, peut être liée à notre vie spirituelle actuelle. Nous désirons ardemment vivre la sainteté et la plénitude de vie *maintenant*, en cette vie, pas seulement dans l'éternité. Nous avons l'impression, peut-être avec raison, de ne pas être encore pleinement vivants, de vivre pour ainsi dire dans un tombeau, et nous ne voyons pas comment la résurrection du Christ pourrait y changer quoi que ce soit. L'espérance chrétienne sera-t-elle réalisée dans l'avenir, peut-être au moment de la mort ou même du Jugement dernier, ou bien a-t-elle une signification dans notre vie d'aujourd'hui?

Souvent, nous traversons la vie convaincus de «croire» en Dieu, au Christ, à toutes les «vérités» de notre religion, sans prendre conscience que ces vérités concernent non seulement le Christ mais, fondamentalement, nous concernent nous aussi. Chaque mystère de la vie du Christ, et de sa mort, peut être reproduit en nous. Le Christ doit *s'incarner* et naître en nous, nous devons vivre sa vie d'abandon et d'amour et mourir avec lui pour ressusciter avec lui et monter aux cieux avec lui. L'«Esprit du Christ» doit aussi être notre esprit. À moins de nous «dépouiller» comme il l'a fait (*Philippiens* 2, 7) et de laisser cet esprit nous envahir, nous ne pourrons obtenir la plénitude de la vie éternelle, que ce soit ici sur terre ou au ciel.

La compréhension de cette vérité est essentielle à notre vie de foi. Elle doit donc être sans cesse répétée jusqu'à ce qu'elle pénètre au plus profond de notre être et nous révèle sa vraie signification. Espérer en la vie éternelle, c'est accepter de nous donner la permission de mourir; nous pourrons ainsi nous ouvrir à la vie nouvelle révélée par Jésus et être transformés en un autre Christ.

La divinisation

Les Pères de l'Église orientale parlent de *theosis*, mot grec qui signifie *divinisation* ou «déification». Il s'agit de la transformation si profonde et si complète d'une personne qu'on peut alors lui appliquer les paroles de saint Paul: «Je vis, mais ce n'est plus moi, c'est Christ qui vit en moi» (*Galates* 2, 20). Posséder la vie éternelle, c'est *perdre* la vie que nous vivons présentement pour vivre — littéralement — la vie divine du Christ.

Ce concept semble si incroyable, si osé, aux yeux des chrétiens d'aujourd'hui, du moins en Occident, qu'il leur paraît impensable qu'il ait fait partie de l'enseignement de l'Église ancienne. C'est pourtant le cas. La divinisation est le but final — la conclusion logique, pourrait-on dire — de l'incarnation de Dieu en Jésus Christ. Le Christ s'est fait homme pour que nous puissions entrer «en communion avec la nature divine» (*2 Pierre* 1, 4). Ou, comme l'écrivait saint Athanase au quatrième siècle: «Car il [Dieu] s'est lui-même fait homme, pour que nous soyons faits Dieu» (*De Inc.* 54, 3). On rapporte que saint Basile affirmait: «L'homme est une créature qui a reçu l'ordre de devenir Dieu[15].»

Être divinisé, dans le langage des Pères, c'est devenir un autre Christ, faire un avec l'homme-Dieu incarné. Par sa vie, sa mort et sa résurrection, l'énergie divine — l'Esprit Saint — a été répandue dans le monde. Sa mission consiste à transformer toute chose en ce pour quoi elle a été créée. Divinisés, nous «devenons par grâce ce que le Christ est par nature[16]» et nous atteignons le but ultime pour lequel nous avons été créés.

Mais comment cela est-il possible? Nous sommes, ou semblons être, dans un tel état d'ignorance profonde, d'indifférence et de confusion, non conscients de notre identité profonde et de ce que nous sommes appelés à être, que l'espérance d'une telle transformation peut effectivement sembler ridicule.

Depuis les tout premiers temps de l'Église, cette incapacité ou refus des chrétiens à vivre la vie du Christ a été un scandale et une pierre d'achoppement. Saint Paul l'a reconnu; les premiers Pères de l'Église ont eu de la difficulté à le comprendre et l'ont déploré. Ils en sont venus à le considérer comme une faiblesse héréditaire de l'humanité entière, comme le résultat de quelque déficience terrible de l'esprit et de la volonté, d'un choix radicalement mauvais de nos premiers parents qu'ils appelaient «la Chute». Ils nous voyaient comme exilés de notre véritable nature, déchus de la dignité qui nous était destinée et «bannis» du Paradis. Toutefois, ils croyaient également que l'intention première de Dieu de nous conduire à la plénitude de vie ne pouvait pas et ne pourrait jamais rester insatisfaite; Dieu «s'est fait chair» pour nous indiquer le chemin de la vie et nous ouvrir à nouveau le chemin du Paradis. Voilà le but de la *theosis*.

Le chemin de l'abandon

Toute tradition religieuse, tout itinéraire spirituel inclut la nécessité d'une transformation. On reconnaît habituellement que cette transformation ne peut être le résultat des seuls efforts humains: elle est le fruit de la vie et de l'énergie divines qui remplissent l'Univers et se révèlent à notre propre cœur. Nous devons apprendre à nous y *abandonner*. Cet apprentissage de l'abandon — nous ouvrir à l'œuvre de Dieu en nous — est le but de toute véritable pratique spirituelle.

L'originalité du christianisme réside dans la conviction que le Christ, en tant que manifestation parfaite — l'incarnation — de la vie et de la puissance divines, dépasse le modèle parfait d'un être entièrement divinisé. Le Christ n'est pas seulement un grand — le plus grand — maître nous indiquant le chemin de la transformation, mais il *est* à la fois le chemin et son but. Pour les chrétiens, suivre le chemin de la transformation, c'est être transformé en Christ. Cette transformation est toujours comprise comme une participation à la vie divine du Christ.

Ce processus n'est jamais considéré comme une «spiritualisation» de la vie, comme une sorte de «transmutation» de la matière en esprit, comme cela semble être le cas dans certaines religions non chrétiennes. Il n'est pas, à proprement parler, compris comme un processus d'*ascension* (on retrouve souvent cette image dans les écrits spirituels chrétiens) d'une personne à un état de «conscience supérieure» ni comme un mode d'existence purement spirituel. Il s'agit plutôt de la *descente* du divin dans la réalité humaine. Comme l'œuvre du Saint-Esprit agissant en Marie a donné l'incarnation du Fils de Dieu en son sein. Il agit aussi en nous, si nous nous ouvrons à lui. La divinisation ne rejette pas notre humanité, elle la complète et l'accomplit. Elle fait de nous — corps, âme et esprit — un «temple» de l'Esprit Saint, un «sacrement» de la vie et de la présence divines. Cet élément est essentiel à la compréhension chrétienne de la vie éternelle, de l'amour, de la sainteté, ainsi que des sacrements, de la liturgie et de toute la vie de l'Église. Tout aspect de l'enseignement chrétien perd sa véritable signification si nous oublions que l'être humain n'est pas un ensemble de «parties», mais une personne indivisible.

En même temps, insister sur l'unité de notre être ne signifie pas nier qu'il puisse exister à l'intérieur de cette personne indivisible différents niveaux de réalité. L'être humain peut être vu comme un *continuum* indivisible. L'Écriture et les Pères semblent souvent suggérer que notre esprit est, en fait, le principe le plus «élevé» de ce *continuum*. Le plus «élevé» parce que le plus «près» du monde spirituel, de la réalité divine. De tout notre être, il est ce qui reflète le plus clairement Dieu. Mais il fait partie du tout et ne doit pas être considéré comme séparable de l'ensemble de l'être. L'esprit humain est un canal par lequel l'Esprit Saint «descend» dans le *continuum* et donne vie à l'ensemble. Ou, pour employer une autre image, il est l'étincelle qui embrase tout notre être du feu de la vie divine.

À mon avis, la foi en la divinisation proclame fondamentalement la grandeur et la beauté originales de l'être humain créé par Dieu. Devant le mal, le malheur et le péché, elle insiste sur la possibilité d'une renaissance, d'une restauration de cette grandeur et de cette beauté. Elle offre l'espérance d'un accomplissement, d'une gloire si grande et si inattendue qu'il nous est difficile de même commencer à croire que nous aussi nous y sommes appelés. Elle est un trésor, la Bonne Nouvelle trop souvent oubliée, trop souvent mise en veilleuse par notre incapacité à la vivre. Un trésor que le christianisme peut malgré tout offrir au monde.

La conversion

Même s'ils ont toujours cru en la nécessité et la promesse d'une transformation, les chrétiens d'Occident ne l'ont pas, dans l'ensemble, désignée par le terme «divinisation». Peut-être jugeaient-ils que l'idée de divinisation ne permettait pas de faire ressortir clairement la vérité de la transcendance de Dieu, ou qu'elle ferait croire à tort que les êtres humains pourraient un jour assumer la nature et la puissance infinies de Dieu. Les théologiens occidentaux ont préféré parler de la transformation de l'*âme* de chaque personne par l'Esprit Saint qui l'«habite» et par le Christ, à la fois homme et Dieu, qui «fait chez elle sa demeure» et s'unit à elle dans l'amour *(Jean 14, 23)*.

Que l'on considère la transformation comme une divinisation ou, peut-être moins clairement, comme une union de l'âme avec Dieu incarné en Jésus Christ, l'«œuvre» de transformation est toujours vue comme le travail de la grâce de Dieu qui nous «retourne» et nous appelle à une réorientation radicale de toute notre existence. Notre responsabilité dans ce travail, comme nous l'avons dit précédemment, est de nous abandonner à la grâce et de collaborer avec elle. Les Pères grecs donnèrent à ce processus d'abandon et de coopération le nom de *metanoia*, conversion de l'esprit et du cœur.

Pour entrer dans ce chemin de conversion, il nous faut renoncer à l'amour de soi, pour obtenir davantage de vie et un plus grand amour. L'amour de soi est la façon de nous concentrer sur nous-mêmes et d'exclure tout le reste; nous nous protégeons ainsi contre toute blessure ou tout mal venant de l'«extérieur»: de notre prochain, du monde, et parfois même de Dieu. S'aimer soi-même ne signifie pas uniquement protéger son bien-être physique, sa santé, ses richesses et sa sécurité. Nous pouvons également nous accrocher à notre intelligence ou à nos connaissances, à notre piété, à notre «droiture», et les utiliser pour nous défendre contre les autres, pour les rabaisser ou les manipuler. Il s'agit là d'une forme très dangereuse de l'amour de soi, difficile à reconnaître en nous et très difficile à abandonner.

Saint Augustin expliquait parfois ce processus de conversion par le concept des «deux amours». Nous pouvons, et devons, choisir entre deux désirs, deux buts dans la vie. Ou bien nous choisissons l'amour de soi (nous choisissons de nous servir d'abord, de mettre notre bien-être au-dessus du bien des autres), ou bien nous choisissons de nous «renier nous-mêmes» (mettre de côté nos propres intérêts, aimer et servir les autres et, par-dessus tout, aimer et servir Dieu). Quand nous choisissons d'abord Dieu, quand nous ne nous considérons plus comme le centre de l'Univers, nous sommes «retournés». Nous ne sommes plus centrés sur nous-mêmes, nous sommes capables d'aimer.

Ne nous imaginons pas que la conversion soit un miracle instantané. Elle est le *but* de notre vie, mais elle n'arrive pas tout d'un coup. Elle demeure un *processus* — lent et parfois douloureux — que nous devons accepter de suivre. Elle est une façon de porter chaque jour la croix de notre humanité, le fardeau de notre amour de nous-mêmes apparemment inépuisable: la façon de tomber et de nous relever, encore et toujours. Se convertir, c'est retourner vers Dieu, source de notre vie, non pas une fois, non pas sept fois, mais soixante-dix fois sept fois chaque jour. C'est «perdre sa vie» et mourir à soi à chaque instant de sa vie.

Mourir à soi

On utilise souvent l'expression «mourir à soi»; son sens semble très clair. Nous considérons comme une vérité évidente que chacun ait un «soi», ou même deux «soi». Nous supposons qu'il y a en nous une partie mystérieuse, intérieure — notre vrai «moi» — qui nous définit comme être humain distinct, mais que la plupart d'entre nous n'avons pas encore découverte. Ce vrai soi est souvent identifié à la conscience, à la «conscience supérieure», à l'âme, à l'esprit ou au principe spirituel en nous.

D'un autre côté, on croit qu'il existe également un «faux» soi — un soi petit, apeuré, compulsif, inconscient, que la plupart d'entre nous acquièrent à travers les expériences négatives de la vie. C'est ce «soi» qui souffre de l'illusion d'être «spécial», d'être à part, et qui est terrifié par la dissolution et la mort. De ce point de vue, «mourir à soi» signifie trouver son vrai soi et se débarrasser du faux. Plusieurs d'entre nous — dont de nombreux chrétiens — considèrent que la plus grande tâche de leur vie consiste à rechercher le «vrai soi», à «élever la conscience» et à surmonter l'illusion de l'autre petit soi. La psychologie moderne, de même que plusieurs écrits religieux, semblent aussi le suggérer.

Nous serons peut-être étonnés d'apprendre qu'une telle conception du soi était inconnue tant des auteurs du Nouveau Testament que des premiers Pères de l'Église. Dans les Écritures, de même que dans la littérature chrétienne des premiers siècles, le mot soi/se était uniquement utilisé comme pronom réfléchi, en référence à l'être humain pris comme un tout. Il y était employé dans le même sens que dans la Bible hébraïque, où il est commandé d'«aimer son prochain comme soi-même», ou que dans notre langage de tous les jours où l'on parle de «se faire plaisir», «se nourrir», etc.

Il est important d'en prendre conscience. En effet, considérer le «soi» comme une partie séparée, «inter-changeable» d'un être, ou même comme l'unique partie signifiante, déforme la croyance fondamentale de la tradition biblique dans l'unité de chaque être humain. Selon la pensée religieuse, tant judaïque que chrétienne, nous sommes des êtres complexes et souvent confus; nous avons parfois le sentiment qu'il y a en nous différents «soi» ou «parties» qui se font la lutte. Nous pouvons avoir des images de nous-mêmes différentes et conflictuelles, mais en réalité nous avons seulement, ou plutôt, nous *sommes* un seul être. Notre «moi», c'est nous-mêmes: notre vie entière, unique et personnelle.

Ainsi, il est important de rappeler que lorsque nous parlons de «mourir à soi» ou même de la «mort à soi», il n'est pas question d'une partie de nous-mêmes qui meurt ou que nous devons renier. Nous voulons plutôt désigner par là le processus de conversion dont nous avons parlé plus haut: se détourner complètement de l'amour de soi, abandonner chaque jour tout notre être à Dieu. C'est à ce même processus que nous appelait le Christ lorsqu'il disait que quiconque voulait le suivre — vivre *sa* vie — devait «se renier lui-même, prendre sa croix» (Jésus n'a jamais utilisé l'expression «mourir à soi») et perdre sa vie (*Marc* 8, 34-37). Il désignait par là un changement en nous — dans toute notre vie — si fondamental et parfois si douloureux qu'il s'agit effectivement d'une *mort*[17].

Ce processus de «mourir» n'est jamais parfaitement complété sur terre. Certains d'entre nous semblent à peine l'avoir entamé! Après avoir passé notre vie à essayer, peut-être nous retrouvons-nous à peine changés. Nous «tombons», nous échouons, et très souvent nous péchons. Le choix «pour Dieu» est sans cesse à refaire. En prendre conscience, ce n'est pas nous complaire dans une culpabilité maladive, mais affronter la réalité de ce que nous sommes devant Dieu. Qui d'entre nous aurait l'audace d'affirmer qu'il est «un autre Christ»? Qu'il ne s'égare jamais? Qu'il est «complet», parfait, comme «notre Père céleste est parfait»? Qu'il est prêt à le rencontrer face à face?

L'œuvre de Dieu en nous

La prise de conscience de notre faiblesse et de notre incapacité à demeurer toujours fidèles au don de la vie que Dieu nous a prodigué ne devrait pas nous conduire au découragement ni au désespoir. Nous ne nous transformons pas nous-mêmes, c'est Dieu qui agit en nous. Le Christ est la vigne; nous sommes les sarments greffés sur lui. Sa vie divine, à laquelle nous avons part — que nous devons *devenir* — se situe au-delà du temps et de l'espace et ne peut être réduite ou détruite par nos actions, quelles qu'elles soient. C'est un trésor gardé pour nous dans le ciel (*Matthieu* 6, 19). Nous pouvons, bien sûr, renier ou rejeter le don et nous détourner de sa source, mais dès que nous nous retournons et que nous nous ouvrons de nouveau à elle — à chaque instant de notre vie et, en particulier, au moment de notre mort — elle nous remplit de nouveau et nous transforme de sa puissance et de sa lumière. Nous redevenons le Christ.

On peut comparer la vie divine du Christ au soleil qui brille sur nous, dans un ciel immense et sans nuages, et nous inonde sans arrêt de sa lumière. Mais quand les nuages de l'égocentrisme et du péché viennent obscurcir la vue, nous nous retrouvons «sans ciel», dans l'ombre de l'obscurité et dans la peur. Cependant, dès que nous «revenons à nous» (comme le fils prodigue de la parabole) et que nous nous réveillons de notre égocentrisme ou de notre orgueil, les nuages se dispersent, nous sommes libérés des ténèbres et de nouveau enveloppés de lumière.

Cette compréhension profonde de la nature du processus de transformation est à l'origine de la foi des chrétiens en la vie éternelle — le paradis — et peut être obtenue même à la toute fin de notre vie, au moment même d'entrer dans l'éternité, peu importe la vie que nous avons menée ou la gravité de nos péchés. Cette vérité nous est souvent difficile à accepter. Un tel «heureux dénouement» peut nous sembler injuste — et même scandaleux —, comme ce fut le cas pour le frère aîné du fils prodigue ou pour les ouvriers épuisés d'une autre parabole qui, après avoir peiné toute la journée dans la chaleur de la vigne, reçurent le même salaire que les ouvriers de la dernière heure.

Toutefois, le but de ces deux paraboles n'est pas de nous montrer qu'une vie scandaleuse ou oisive est tout aussi valable qu'une vie de bonté et de dur labeur. Comme nous l'avons affirmé plus haut, elles cherchent à montrer que la plénitude de la vie — de la transformation — est l'œuvre de Dieu. Nous atteignons la plénitude uniquement en nous abandonnant à la bonté et à la générosité de Dieu. Lorsque nous nous détournons de lui (et qui ne le fait pas à l'occasion!), lorsque nous voulons «réaliser» la perfection par nos propres moyens, lorsque nous croyons l'avoir «méritée», nous devenons, à l'image du frère aîné de la parabole, prisonniers de nous-mêmes et pleins de ressentiment devant la miséricorde manifestée par Dieu aux autres. Pourtant, qu'en est-il de ceux et celles d'entre nous qui n'auraient pas été si bons, qui auraient dissipé tout le trésor qui leur a été donné par Dieu? Dès que nous «revenons à la raison», dès que nous nous repentons et nous en remettons à la miséricorde de Dieu, nous retrouvons notre héritage et sommes revêtus des «vêtements du salut» qui nous avaient été réservés.

L'expansion de la vie

Nous commençons donc à entrevoir que ce que nous appelons mort et ce que nous appelons vie sont deux aspects d'une même réalité. La mort n'est qu'un prolongement de la vie. Mourir est pour nous une façon de sortir des limites de notre petit «moi», de «perdre notre vie» et d'être prolongé dans l'infini de la vie du Christ. Ce mouvement constant de la vie dans la mort et de la mort dans la vie est le chemin de notre «passage», de notre entrée dans l'éternité à chaque jour de notre vie sur terre.

Une précision s'impose ici. Lorsque nous considérons la mort — nos morts quotidiennes ou la mort à la fin de notre vie — comme un «passage dans l'éternité» ou comme l'«expansion de la vie», nous nous situons dans une perspective de foi. Nous ne voulons pas nier le fait que la mort puisse être — c'est souvent le cas — une expérience terrifiante et incroyablement douloureuse ou qu'elle puisse sembler insensée et injuste. Certaines morts sont épouvantablement horribles: les massacres de la guerre, les génocides, les meurtres, la mort d'un enfant, la mort à la suite d'une pénible maladie incurable. Les nier ou chercher à présenter un sermon bien intentionné sur la «sainteté de la mort» serait un affront à ceux et celles qui doivent subir de telles horreurs.

Il existe également des morts quotidiennes résultant de l'abus, de la cruauté ou de l'ignorance des gens. Ces morts ne transforment pas les vies humaines mais les anéantissent. Nous ne comprenons pas pourquoi Dieu permet de telles choses; le mystère de la souffrance est peut-être encore plus grand — et exige de nous une plus grande confiance — que le mystère de la mort. Nous devons nous accrocher à notre assurance que toute mort humaine est bénie de Dieu et qu'un jour on nous permettra de voir comment tout cela a «fonctionné». Nous pourrons peut-être voir que «toute chose, quelle qu'elle soit, finira bien[18]».

Bien sûr, nous savons que plusieurs personnes, fermes dans leur foi, ont vécu de telles morts dans l'acceptation et même la joie. Toutes les périodes de l'histoire ont connu des martyrs qui sont allés vers une mort horrible tout en louant la bonté de Dieu. Certaines personnes ont mené au milieu de l'enfer une vie sainte, à l'image du Christ. Mais ces gens étaient de grands saints, des hommes et des femmes appelés par Dieu à connaître une telle fin; ils avaient reçu la grâce de l'accepter et même de l'accueillir. La plupart d'entre nous ne sommes pas appelés à un tel sacrifice; jamais nous ne devrions nous «désigner» comme martyrs ou choisir un style de vie auquel nous n'avons pas été appelés. C'est pourquoi chaque jour nous prions — ou devrions prier — pour «la paix de ce jour» et pour obtenir la grâce d'une «bonne» mort: pour une «délivrance, dans la paix et sans crainte[19]».

Mourir d'amour

Seuls quelques-uns sont appelés au martyre, mais tous sont appelés à la mort de l'amour. Nous sommes appelés à mourir à l'amour de nous-mêmes. Il ne s'agit pas de mourir d'amour comme le fait un «cœur brisé», au sens habituel de cette expression. Certaines personnes tombent dans la dépression et perdent le goût de vivre — certaines en meurent parfois — à la suite d'une perte tragique ou d'un rejet. Ces expériences entraînent peut-être les plus grandes douleurs humaines, mais elles ne sont pas causées par l'amour. Elles sont plutôt le résultat d'un besoin non comblé. L'amour véritable, celui pour lequel nous avons tous été appelés à mourir, n'est pas fondé sur le besoin, mais sur l'abandon du besoin: il consiste à mettre le bien d'une autre personne au-dessus du nôtre.

À mon avis, la plupart d'entre nous sommes très conscients de notre incapacité à vraiment vivre un tel amour. Trop faibles, trop craintifs, nous avons trop de besoins, souvent légitimes, à combler désespérément. Trop occupés à nous servir nous-mêmes, cherchant à nous protéger de l'inconfort et des blessures, nous oublions que d'autres ont des besoins encore plus grands que les nôtres. Peut-être cherchons-nous à être moins égoïstes, plus attentifs aux autres, mais nous en sommes souvent incapables. Une telle prise de conscience peut nous décourager, car nous n'aimons pas penser que nous ne valons rien en amour.

Il est cependant très important de reconnaître la vérité et de nous permettre d'être dépouillés des illusions que nous construisons à notre sujet. Lorsque nous commençons à nous voir tels que nous sommes vraiment, nous devenons plus humbles, plus vrais, plus ouverts à l'amour. Saint Paul affirmait que «tout concourt au bien de ceux qui aiment Dieu» (*Romains* 8, 28). À penser ainsi, nous pourrions avoir l'impression de prendre nos désirs pour des réalités, de chercher à nous consoler de notre incapacité à aimer ou du mal que nous avons fait. Mais il ne s'agit pas de prendre nos désirs pour des réalités, c'est la réalité de toute vie de foi: Dieu peut effectivement tout transformer en bien, en amour, même nos péchés.

Cependant, il importe non pas de passer beaucoup de temps à nous inquiéter de nos imperfections et de nos échecs à aimer, mais de commencer à aimer dès maintenant, selon nos moyens. Chaque jour, nous devons nous entraîner à aimer. Nous devons nous «dépasser» un peu chaque jour, faire une petite chose pour une personne, pardonner à quelqu'un, prier pour un autre au lieu de lui garder rancune. Nous devons même essayer de donner plus que ce qu'il nous est facile de donner, «en faire plus», ou même seulement un petit peu plus! La plupart d'entre nous pouvons seulement mourir d'amour jour après jour, petit à petit.

Le chemin du pardon
et de la compassion

Plus que tout, il me semble, mourir d'amour se réalise dans le *pardon* et la *compassion*. Il nous est étonnamment difficile de pardonner à ceux et celles qui nous ont offensés ou blessés. Même lorsque l'offense est relativement peu importante, nous pouvons avoir le sentiment d'avoir été violentés et éprouver beaucoup de colère ou de ressentiment à l'endroit de ceux qui nous ont blessés ou contrariés. Nous éprouvons de la difficulté à laisser aller ces sentiments, car chaque «laisser-aller», chaque pardon est pour nous, en fait, une renonciation: nous admettons alors ne pas être le centre du monde, nous reconnaissons qu'une faute à notre endroit n'est pas toujours un crime passible de la peine capitale ou une offense impardonnable. Ainsi, tout pardon est une «petite mort»; il nous rend un peu moins centrés sur nous-mêmes et un peu plus compatissants, plus ouverts aux besoins et aux souffrances des autres.

Le monde est rempli de souffrance, et nous ne pouvons jamais éviter de la voir ou d'en entendre parler. Souvent, nous voudrions fermer nos yeux, nos oreilles et notre cœur, car nous avons l'impression d'être incapables de supporter davantage de douleur. L'immensité de la misère humaine menace de nous submerger; peut-être craignons-nous qu'elle nous fasse désespérer de la bonté de Dieu. Nous voudrions simplement nous en détourner et tout oublier.

C'est exactement ce qu'il ne faut pas faire. Nous ne devons jamais nous détourner de la souffrance des autres. Nous devons les aider selon nos moyens, même si cela nous semble dérisoire. Nous devons donner «jusqu'à ce que cela fasse mal», comme le disait mère Teresa. Et parce que nous savons que ce n'est jamais assez, nous devons accepter notre impuissance, même si cela nous brise le cœur. Plus que tout, nous devons être *présents* à la souffrance des autres, où qu'elle se trouve, et la présenter à Dieu. Nous devons nous tenir au pied de la croix du monde, implorant Dieu sans cesse. La compassion est, je crois, la façon la plus difficile d'aimer. Elle n'offre en effet aucune récompense, aucun sentiment de «satisfaction» ou de suffisance; elle ne comble aucun de nos besoins. Elle risque de nous remplir d'amertume si nous cherchons à la vivre par nos propres moyens. La compassion véritable est une grâce, qu'on trouve seulement en union avec la compassion et la miséricorde infinies de Dieu.

Le plus grand des dons

S'il est vrai que, comme le Christ nous l'a souvent rappelé, il nous est impossible d'aimer Dieu sans aimer notre prochain, il est aussi vrai que nous ne pouvons aimer notre prochain sans aimer Dieu[20]. «Dieu est amour», nous dit saint Jean. Cela signifie que Dieu est la source de tout amour et que sans notre participation à sa vie nous ne pouvons même pas commencer à aimer. Nous ne pouvons sortir de notre isolement et nous dépasser en aimant quelqu'un ou quelque chose, nous ne pouvons être *présents* à qui que ce soit si nous n'avons pas déjà commencé notre vie en Dieu. Nous n'en prenons peut-être pas conscience, nous le nions peut-être en affirmant ne pas croire en Dieu, mais il reste que chaque fois que nous aimons vraiment, nous avons déjà commencé à aimer Dieu.

Mais que voulons-nous dire quand nous disons aimer Dieu? Que pouvons-nous donc faire pour lui? Qu'avons-nous à lui offrir? La réalité de notre pauvreté dans une relation à Dieu — lui qui est infiniment riche, qui n'a besoin de rien de notre part, qui ne dépend pas de nous pour quoi que ce soit — est telle que nous prenons conscience que nous n'avons rien d'autre à lui offrir que nous-mêmes, notre *présence*. Cette prise de conscience devrait nous rendre plus humbles, mais également conscients de la véritable valeur et de la beauté de la personne humaine. Car seule une personne peut vraiment être attentive et présente à une autre personne. Seule une personne peut aimer.

Une présence est le plus beau des cadeaux de l'amour, et peut-être le seul nécessaire.

Être présent à une autre personne, c'est être conscient de son existence unique et l'accepter sans condition dans une rencontre d'amour. Nous rêvons d'une telle présence, d'une telle acceptation et nous sentons souvent que, sans elle, nous mourrons de solitude. Toutefois, il est étonnant de constater que nous sommes rarement vraiment présents les uns aux autres, que nous sommes peu attentifs les uns aux autres. Nous regardons les autres et disons les aimer, mais nous ne les *voyons* pas vraiment; nous voyons seulement ce qu'ils peuvent nous apporter, ce qui nous plaît en eux.

Dieu, lui, est toujours — *maintenant* — attentif et présent à nous. La présence de Dieu est *réelle*, que nous en soyons conscients ou non, que nous y croyions ou non. Nous n'avons pas besoin de «la faire advenir», car elle est toujours là. Nous n'avons qu'à nous ouvrir à elle et *apprendre* à lui être présents. Nous devons accepter de nous confier à lui, même si nous nous sentons «indignes» ou pas encore prêts. Alors pourrons-nous peut-être, nous aussi, dire ce qu'un vieil homme confiait à saint Jean-Marie Vianney qui lui demandait ce qu'il faisait pendant ces longues heures passées à l'église: «Il me regarde, je le regarde, et nous sommes heureux ensemble.»

Quand nous apprendrons à laisser Dieu nous être présent et nous «regarder» ainsi, quand nous apprendrons à le regarder ainsi, alors nous aurons appris le secret de la vraie prière. Car la prière — peu importe ce que nous demandons à Dieu, peu importe les mots dont nous nous servons, peu importe que nous parlions ou non —, la vraie prière commence et finit en présence de Dieu. La prière est notre présence petite, finie, ouverte et attentive à l'infinie présence de Dieu. Une telle prière est amour; c'est le paradis sur terre.

La prière de la présence

Quand nous parlons de prière, nous le faisons souvent en termes très inadéquats. Nous pensons à «réciter nos prières», à exécuter certaines dévotions «pieuses» ou à remplir nos «saintes obligations». Nous pensons à demander à Dieu de nous donner ce dont nous avons besoin, de nous protéger du danger ou de nous délivrer du mal. Nous pensons parfois à le louer et à le remercier de ce qu'il a fait pour nous. Mais la plupart du temps, nous le harcelons pour telle ou telle chose. Il n'y a rien de mal à insister auprès de Dieu — le Christ nous l'a recommandé. Le problème, c'est d'oublier, comme nous le faisons souvent, que la seule chose vraiment importante est d'être *en présence* de Dieu et de lui être *présent*.

Nous sommes habituellement si préoccupés de nous-mêmes, de ce que nous faisons, de ce que nous pensons, de ce qui nous arrive ou pourrait nous arriver que nous nous réservons peu de temps ou d'occasions pour nous souvenir de Dieu. Dieu, lui, se souvient toujours de nous et ne nous laisse pas l'oublier très longtemps. Parfois, en une fraction de seconde, nous le reconnaissons dans la beauté des choses: dans la nature, dans le visage de l'être aimé, dans une œuvre d'art. Nous l'entendons peut-être dans une grande pièce musicale, la voix de nos enfants, le chant d'un oiseau ou le bruit de la pluie. Sans que nous nous y attendions, nous nous retrouvons peut-être en sa présence au milieu d'une activité quotidienne, et soudain nous savons que c'est lui qui nous a touchés et nous saisissons pourquoi nous devons toujours être à sa recherche.

Chaque fois que nous nous rappelons que nous sommes en présence de Dieu, chaque fois que nous l'entrevoyons, nous prenons conscience, sans aucune hésitation, sans aucun doute, qu'il n'existe aucun autre endroit — dans le temps ou dans l'éternité — où nous voudrions être. En présence de Dieu, notre esprit est libre et silencieux, notre cœur est en paix, notre corps est détendu et nous sommes remplis de joie. Nous nous sentons chez nous dans notre corps, chez nous dans le monde, et nous savons que nous nous sentirons aussi chez nous au ciel. Nous savons que nos péchés et nos manquements, si grands soient-ils, disparaîtront en fumée en sa présence! La présence de Dieu est notre vie, notre éternité, notre chez-nous véritable et définitif.

La vraie prière, la «prière de la présence», est la voie «royale» pour mourir d'amour. Elle nous place, pour ainsi dire, dans l'espace spirituel où nous nous trouverons au moment de notre mort, quand nous aurons laissé derrière nous tout ce que nous connaissons, tout ce que nous possédons — même notre vie — et que nous nous tiendrons devant Dieu les mains vides, conscients de notre entière pauvreté, comptant sur l'amour seul. Chaque fois que nous sommes en présence de Dieu, nous nous plaçons sur le seuil même du mystère de la mort, nous nous abandonnons à lui, nous «perdons notre vie» et nous entrons dans la vie éternelle.

Et cela est vrai de *tout* ce que nous faisons dans la vie! Chaque action, chaque inspiration, chaque émotion ou pensée que nous présentons à Dieu, que nous lui abandonnons, devient pour nous une «petite entrée» dans l'éternité, la porte du Royaume. Au travail ou au repos, éveillé ou endormi, heureux ou malheureux, nous entrons en présence de Dieu au cœur de toutes choses. Nous devenons conscients de chaque moment que nous apprenons à abandonner; nous nous jetons dans les bras du Dieu vivant et nous *apprenons à mourir*.

S'exercer à mourir

La plupart d'entre nous savons probablement que les premiers chrétiens, de même que les moines à travers les siècles — tant chrétiens que non chrétiens — estimaient nécessaire de toujours être conscients de la réalité de la mort et de son caractère inévitable, de méditer sur elle et même de se placer dans des situations qui la rendraient encore plus présente. Certaines de ces pratiques — par exemple, prier pendant de longues heures dans un cimetière, observer le processus de décomposition et y réfléchir, conserver des crânes humains dans sa cellule — peuvent aujourd'hui nous sembler étranges, morbides, répugnantes peut-être, et même dangereuses sur le plan psychologique et émotionnel. Il nous est impossible de nous imaginer nous «exerçant» à mourir de cette façon.

Ces traditions anciennes ont quelque chose d'important à nous apprendre. Elles nous rappellent que jamais nous ne pouvons nous permettre d'oublier la réalité de la mort, que nous devons résister aux pressions sociales qui poussent à nier la mort. Nous devons nous aussi nous préparer à la mort pour pouvoir l'affronter avec courage et dans la paix. Nous devons nous aussi trouver une façon de nous exercer à mourir.

Une amie m'a fait part d'une expérience vécue récemment. Après avoir lu l'histoire d'un saint qui avait essayé de vivre comme si chaque jour était le dernier de sa vie, elle décida de tenter l'expérience. Ce soir-là, en se couchant, elle se mit à planifier le dernier jour de sa vie sur terre. Elle pensa à ce qu'elle allait faire, aux personnes qu'elle verrait, à celles à qui elle demanderait pardon et à celles à qui elle dirait adieu. Elle se mit à s'apitoyer sur son sort et réussit même à se faire pleurer. En fin de compte, elle se rendit compte que ce n'était qu'un jeu, elle y mit fin et s'endormit.

Le lendemain matin, cependant, en se réveillant, une réflexion très claire lui vint à l'esprit. Elle se demanda: «Qu'est-ce que je ferais si je savais que j'allais mourir *maintenant*, à cette minute même, s'il ne me restait que quelques *secondes* à vivre?» Soudain, ce n'était plus un jeu. Elle était vraiment là, à la Fin, seule. Elle n'avait plus le temps de se préparer ou de planifier. Rien qu'elle puisse faire ou défaire. Le plus étonnant fut qu'après une fraction de seconde de panique, elle sut exactement ce qu'elle devait faire. *Seigneur, aie pitié de moi, pauvre pécheur!* s'entendit-elle crier.

Mon amie considère cette expérience comme l'une des plus grandes grâces qu'elle ait jamais reçues. Elle avait pris conscience qu'il n'existait pour elle qu'une seule façon de mourir, et une seule façon de s'y «exercer»: se jeter dans les bras de Dieu, pas seulement à la fin de sa vie mais *chaque jour*, et implorer sa miséricorde. Le faire sans arrêt, avec tant d'insistance que la prière qui monta spontanément en elle au moment de son «expérience de la mort», comme elle l'appelle, deviendrait une prière continue du cœur modelant tant sa vie que sa mort. Mon amie venait de découvrir l'intuition fondamentale du christianisme: la conviction de dépendre entièrement — tant dans la mort que dans la vie — de la miséricorde infinie de Dieu.

La miséricorde

Les chrétiens n'ont pas le choix de croire en la miséricorde de Dieu; il s'agit de la plus importante des réalités de notre foi. Même s'il existe plusieurs façons d'exprimer et de vivre cette réalité, sa vérité doit demeurer la pierre angulaire de notre vie et la source de toute notre confiance. Comme le Christ nous l'a sans cesse rappelé, il n'y a pas de limites à la miséricorde de Dieu: pas de limites à sa volonté de partir à notre recherche quand nous sommes perdus, de nous pardonner et de nous guérir quand nous avons péché. Son désir de nous aimer est infini.

Nous avons tendance à voir la miséricorde de Dieu comme de la «pitié» à notre endroit, une pitié que nous devons mendier, pour laquelle nous devons nous humilier, que nous devons attendre dans la crainte et les tremblements. C'est là une terrible déformation de la Bonne Nouvelle, un mensonge. Y croire équivaut à renier la vérité que Jésus a révélée en mourant d'une mort horrible: la vérité de la miséricorde infinie et inconditionnelle de Dieu. Prier Dieu en demandant sa miséricorde n'est pas se comporter de manière servile, dans l'autodénigrement et la peur, mais regarder vers lui dans la confiance et l'espérance. La miséricorde est un «résumé» de tout ce que nous connaissons ou avons besoin de connaître sur l'amour de Dieu pour nous. Elle révèle que Dieu nous est présent, qu'il est conscient de notre existence à chaque moment de notre vie et qu'il nous accepte tels que nous sommes vraiment:

créés à son image, destinés à partager sa gloire, mais faibles et enclins à l'échec et à la peur. Quand nous prions Dieu en implorant sa miséricorde, nous demandons à être guéris, c'est-à-dire à être remplis de Dieu. Nous demandons guérison et amour[21].

Les mots humains n'arrivent pas à exprimer la réalité de l'amour de Dieu; nous pouvons seulement en parler à l'aide d'analogies, d'images ou de métaphores. Nous pouvons seulement parler de facettes de cet amour: présence, conscience, miséricorde. Mais Dieu n'a pas d'aspects différents, il *est*, tout simplement; il est indivisible, toujours un. Affirmer que «Dieu nous aime» — si nous pensons à l'acte d'aimer comme à une chose que Dieu «fait» — peut même affaiblir la lumière de ce grand mystère. Dieu *est* présence, il *est* miséricorde, il *est* amour.

Ainsi, lorsque nous parlons de la «miséricorde et de l'amour de Dieu», nous désignons un immense débordement de son être divin — de ce qu'il est. Peut-être pouvons-nous dire que la miséricorde de Dieu est son amour rendu «sans danger» pour nous: tant que nous vivons sur la terre, elle est pour nous la seule façon de faire l'expérience de cet amour sans être écrasés par son immensité et son pouvoir. Si Dieu nous révélait son amour dans toute sa brûlante plénitude, s'il venait à nous dans toute sa gloire divine, nous ne pourrions nous ouvrir à lui, car cet amour nous aveuglerait et submergerait notre esprit. Ainsi, Dieu a choisi de nous montrer son amour «faiblement», doucement, dans la miséricorde qu'il nous propose à chaque instant de notre vie et qu'il ne nous refusera certainement pas à l'heure de notre mort.

La justice

Certains affirment parfois qu'on nous demande, en tant que chrétiens, d'adhérer à deux croyances contradictoires. D'une part, nous devons avoir une confiance inébranlable en la miséricorde infinie de Dieu, sans jamais douter qu'elle nous sera accordée. D'autre part, le Christ lui-même nous enseigne que nous devrons affronter un jugement, tant juste après la mort qu'à la fin des temps, et qu'il existe un «ciel» et un «enfer». On nous répète sans cesse que nous devons toujours veiller, car nous ne savons «ni le jour ni l'heure» de notre mort. Nous devons prier sans cesse pour ne pas devoir vivre cette heure sans repentir et sans pardon. On nous recommande même de craindre Dieu. Comment réconcilier ces deux vérités?

Notre esprit n'aime pas les paradoxes. Placés devant un paradoxe, comme un ordinateur dans lequel on introduirait deux séries de données contradictoires, nous ne pouvons le traiter. Nous avons donc tendance à conclure qu'un seul des pôles du paradoxe peut être vrai ou, que si les deux le sont, ils ne peuvent l'être en même temps. Bien sûr, certains résoudront le problème en niant tout simplement l'existence de l'enfer et la nécessité de craindre Dieu. D'autres insisteront pour dire que Dieu est toujours juste et qu'il ne saurait être miséricordieux envers ceux et celles qui ne le «méritent» pas. D'autres affirmeront qu'à cause de sa justice Dieu est en colère contre le pécheur mais que, parce qu'il est miséricordieux, on peut le convaincre de changer d'idée. D'autres encore prétendront que le ciel et l'enfer sont des manifestations des deux «côtés» de Dieu: on trouve sa miséricorde au ciel, mais sa justice règne en enfer.

Or, comme nous l'avons vu, il ne peut exister de «côtés» ou de facettes différentes de Dieu. Dieu est un, il est amour. Sa justice et sa miséricorde *constituent* son amour. Et le ciel et l'enfer doivent donc être aussi des manifestations de son amour. Bien sûr, il nous est impossible de comprendre ce mystère, qui est plus grand que notre pensée. Il est dissimulé à nos yeux, car il pourrait nous détruire si nous le voyions sans voile. Ainsi, nous devons le «craindre». Craindre Dieu, c'est être rempli de respect devant le mystère de son amour.

Mais même si nous ne pouvons comprendre le mystère, peut-être pouvons-nous entrevoir un aperçu de sa signification si nous le contemplons, comme l'ont toujours fait les Pères de l'Église, dans le «miroir» de ce qu'ils considéraient comme le plus grand don de l'être humain: le don de la liberté. Comme le disait saint Irénée au deuxième siècle: «L'homme est raisonnable, et par là semblable à Dieu, créé libre et maître de ses actes[22].»

Parce que nous sommes des êtres «rationnels» — créés à l'image de Dieu —, parce que nous pouvons penser et comprendre les conséquences de nos actes, la justice de Dieu ne devrait pas être considérée comme une sentence imposée de l'extérieur, pour ainsi dire, mais comme une conséquence de nos propres choix. «L'origine du mal réside dans la liberté de celui qui l'accomplit», écrivait le grand théologien orthodoxe Vladimir Lossky[23]. Là aussi repose l'origine du bien. Ainsi, dans la mesure où nous sommes des êtres rationnels, en pleine possession de nos facultés, nous pouvons et devons exercer notre liberté. Nous choisissons nous-mêmes le ciel ou l'enfer.

Le don de la liberté

Cette vérité peut nous sembler de prime abord difficile à comprendre. Nous pouvons avoir l'impression que des choix si importants ne sont pas à notre portée: nous sommes trop ignorants, trop confus ou trop faibles pour y arriver. Pourtant, c'est là un des enseignements principaux du christianisme et un principe fondamental de toute vie morale: *nous sommes libres de choisir notre destinée*. Que notre vie ait été difficile, que nous ayons été blessés par les événements ou les tragédies que nous avons subis, cette liberté essentielle ne nous a jamais été retirée: en fin de compte, nous sommes responsables de nous-mêmes. Nous sommes responsables de chacune de nos actions, de chacune de nos pensées et de nos paroles, car elles découlent toutes du choix fondamental que nous sommes appelés à faire chaque jour: Dieu ou non-Dieu, amour ou non-amour.

Cette vérité est tellement importante que la renier, même implicitement — par la façon de mener notre vie, par la façon de nous laisser manipuler par notre propre paresse ou par notre peur, par la façon de nous justifier en blâmant les autres —, est le plus grand danger spirituel de notre vie de foi. Nous glissons facilement dans ce travers. Autour de nous, la plupart des gens semblent convaincus, et désireux de nous convaincre, que la liberté en laquelle nous croyons est une illusion, une tentative de nous sentir mieux, de donner un sens à notre vie. Ils semblent vouloir nous convaincre que tout ce que nous pensons, disons ou faisons est déterminé par les pressions internes et externes que nous subissons: nous sommes seulement ce que nous sommes «programmés» à être.

Il est difficile de résister à une telle affirmation, surtout que de telles pensées, de tels doutes envahissent souvent notre esprit. Il est tellement plus facile de croire au déterminisme, qui prétend traiter uniquement de «faits», que de croire en la liberté, une réalité spirituelle dont on ne peut comme telle «prouver» l'existence.

Il se peut qu'à cause de cette peur de la liberté et de la responsabilité, avec laquelle plusieurs d'entre nous se débattent toute leur vie, nous soyons tentés d'embrasser le déterminisme. Peut-être avons-nous de la difficulté à prendre des décisions, terrifiés que nous sommes à l'idée de faire le mauvais choix. Peut-être ne pouvons-nous pas supporter le degré d'effort spirituel exigé par la liberté et la responsabilité. Notre paresse spirituelle — un des péchés «mortels» — nous rend particulièrement vulnérables à la tentation de traverser la vie comme si nous n'avions pas de choix.

Pourtant, si nous ne résistons pas de toutes nos forces à cette tentation, nous perdrons tout ce qui fait que notre vie vaut la peine d'être vécue. Sans volonté libre, il n'y a ni sainteté ni péché. Sans liberté, la moralité est une illusion, et le bien et le mal, deux facettes d'un univers absurde; la joie est un sous-produit du plaisir, et la souffrance humaine, une malchance ou une lamentable erreur. Dans un tel univers, Dieu n'est pas amour, mais plutôt un tyran, ou une idée, ou une «puissance» aveugle. Sans liberté, il n'y a pas d'amour.

La liberté du repentir

Voilà pourquoi l'Église chrétienne nous appelle sans cesse au repentir, c'est-à-dire à une conversion du cœur et de la volonté. L'appel au repentir, au vrai sens chrétien du mot, n'est pas un appel à la haine de soi ou au sentiment de culpabilité. C'est un appel à la liberté, à la lutte contre les chaînes de l'habitude, de la faiblesse et de la peur qui nous retiennent si souvent prisonniers. Lorsque nous nous repentons, nous refusons d'être intimidés par toutes les voix qui, de l'extérieur ou de l'intérieur de nous-mêmes, nous disent que nous ne sommes pas responsables de ce que nous sommes ou de ce que nous faisons, que nous sommes esclaves des circonstances, victimes impuissantes de ce qu'on nous a fait.

Le repentir est notre façon d'embrasser notre liberté, de l'«exercer», de la célébrer, de nous réjouir de la victoire de la miséricorde de Dieu sur la paresse et le péché humains. Chaque fois que nous prenons conscience que nous n'avons pas été libres, chaque fois que nous crions «Seigneur, prends pitié de moi!», nous nous débarrassons de notre passivité et de notre peur. Comme nous l'avons vu précédemment, lorsque nous nous repentons, nous nous «renions nous-mêmes»: nous nous libérons de notre repliement sur nous-mêmes et nous nous ouvrons à l'amour. Le repentir est l'expression de notre confiance, non pas en nous mais en celui qui nous a rendus libres. Il exprime notre prise de conscience que lorsque nous nous trouvons devant la face de Dieu, que nous entrons en sa présence, que nous nous perdons en lui, nous sommes toujours — à chaque moment et dans l'éternité — libres de choisir.

C'est pourquoi, comme l'a découvert mon amie, le repentir peut aussi être la meilleure façon de nous exercer à mourir, de nous exercer au choix final que nous serons appelés à faire aux portes de l'éternité. Il me semble en effet possible de croire que, à la Fin, lorsque nous nous trouverons face au Christ dans toute sa puissance et sa beauté, lorsque nous constaterons la promesse immense et inimaginable de notre propre humanité, ce don irréversible qu'est la liberté nous sera présenté dans sa glorieuse plénitude. Bien sûr, tous les choix que nous aurons faits au cours de notre vie sur terre — ou que nous aurons refusé de faire — pèseront peut-être lourd. La voix de l'Accusateur en nous tentera peut-être de nous dire qu'il est désormais trop tard pour changer.

Mais si nous résistons à cette tentation finale, si nous refusons d'écouter cette voix mensongère, nous verrons certainement qu'il n'est pas trop tard, que les portes de l'infinie miséricorde de Dieu ne peuvent jamais nous être fermées. Nous prendrons conscience que même à ce moment-là nous avons la possibilité de nous détourner de nos tragédies et désastres, de nos erreurs et de nos doutes, de tous nos péchés: nous pouvons nous en repentir et les remettre tous à la miséricorde de Dieu — nous sommes encore libres de choisir. Si nous voulons Dieu, si nous le choisissons — c'est le ciel. Si nous ne voulons pas de lui, si nous nous choisissons nous-mêmes — c'est l'enfer. C'est, je crois, aussi simple que cela.

Le jugement

Pourtant, simple ou non, l'idée de rencontrer Dieu au moment de notre mort nous remplit, sans aucun doute, d'appréhension et de peur, peut-être même de terreur. Comment un être fini peut-il voir l'Infini et vivre? Comment regarder la face de Dieu sans être écrasé par la Vérité et la Beauté qui nous sont soudainement imposées? Comment nous sentir bien, en sécurité, lorsque nous passerons au-delà du temps et de l'espace, au-delà de toute réalité imaginable? Lorsque nous ne pourrons plus nous cacher derrière quelque concept, quelque astuce ou tromperie? Lorsque nous serons dépouillés de toutes nos excuses, de tous nos masques, et *verrons* finalement — pleinement, entièrement — notre propre faiblesse, notre impuissance et notre épouvantable pauvreté? Lorsque nous deviendrons en fait le «plus pauvre des pauvres»?

Ce processus de dépouillement peut même s'avérer plus difficile pour ceux et celles d'entre nous qui se considèrent «religieux», et même fervents. Au moment de notre mort, il se peut que nous devions soudainement prendre conscience que souvent nous n'avons fait que nous «couvrir» avec la religion, l'utilisant tel un vêtement servant à masquer notre nudité, notre incroyance, notre manque d'amour ou notre peur. L'ardeur de nos dévotions, la puissance de nos proclamations, notre facilité à condamner «le monde» et notre tendance à nous considérer parmi les «élus» auront peut-être été, du moins jusqu'à un certain point, une façon de rechercher l'approbation et l'acceptation des autres ou une façon de fuir notre peur et notre sentiment de ne pas être à la hauteur.

Nous devrons peut-être comprendre que notre religion n'a pas toujours été l'expression de notre amour de Dieu, mais plutôt celle de notre peur. Peut-être l'aurons-nous considérée comme une «police d'assurance» contre le jugement que nous avons toujours su devoir subir un jour et que nous subirons alors. Peut-être n'aurons-nous pas encore appris à compter uniquement sur la miséricorde de Celui qui est Amour parfait, croyant devoir mériter le paradis par nos propres efforts et vertus. Nous verrons alors que cela est impossible. Peut-être n'aurons-nous pas encore compris que la seule bonne façon de mourir est celle du «bon larron» qui, après une vie de révolte et de péché, en savait assez pour crier: «Jésus, souviens-toi de moi quand tu entreras dans ton royaume!»

Nous n'avons pas réussi à atteindre la perfection à laquelle nous avons été appelés. Dans notre rencontre avec notre Seigneur et notre Juge, aucun d'entre nous n'est digne de dénouer la courroie de ses sandales. L'instant de notre mort nous conduira au cœur même de notre réalité, au centre de notre être, et nous prendrons finalement conscience, au-delà de tout doute, de qui nous sommes en réalité, de ce en quoi nous croyons, de ce que nous aimons vraiment. Cette prise de conscience est notre Jugement. Notre récompense ou notre châtiment, notre ciel ou notre enfer.

L'enfer

Plus jeune, je ne pouvais pas croire à l'enfer, car il m'était impossible de penser que quiconque puisse avoir peur de l'amour, puisse rejeter l'amour. Tous ceux que je connaissais, moi y compris, semblaient toujours rechercher l'amour et déplorer son absence. J'étais donc convaincue que quiconque, même après avoir vécu dans la méchanceté et dans l'absence d'amour, apercevant au moment de sa mort l'immense amour de Dieu, l'accueillerait, s'abandonnerait à lui et se retrouverait ainsi au paradis. Jamais personne ne pourrait choisir d'aller en enfer!

Aujourd'hui, j'ai changé d'avis. J'ai appris combien il est difficile pour la plupart d'entre nous d'accepter l'amour — l'amour vrai: un amour inconditionnel, qui n'attend rien d'autre en retour que l'amour. Un tel amour nous rend souvent mal à l'aise, craintifs, parce qu'il nous appelle à répondre d'une façon qui semble menacer notre individualité, qui nous invite à sortir des frontières et des protections que nous nous sommes imposées; il semble exiger de nous plus que nous ne pouvons ou voulons donner. Pour répondre à l'amour — même à l'amour humain —, nous devons diminuer un peu, nous devons mourir un peu. L'amour est très dangereux pour le soi. L'amour infini doit l'être d'autant plus!

Peut-être avons-nous de la difficulté à le croire, particulièrement si nous nous sommes toujours considérés comme des êtres «sociaux», aimant la compagnie des autres. Il nous a été facile d'aimer et d'être aimés. Nous avons été charitables et généreux, toujours prêts à appuyer une bonne cause, partageant notre temps et notre argent. Et pourtant, à la fin, nous devrons nous aussi prendre conscience que nos nombreux amours ont été petits et limités, que nous avons rarement accepté de donner de nous-mêmes. Notre «amour facile» a peut-être été notre façon de nous protéger contre le danger de l'amour véritable: un amour qui nous aurait brisé le cœur, le rendant ainsi prêt pour Dieu.

Peut-être avons-nous plutôt été «solitaires», par timidité ou par peur du rejet et de la souffrance, et nous sommes-nous convaincus que nous préférions la solitude. Peut-être avons-nous même considéré comme une vertu, une vocation, de «renoncer» à l'amour humain pour aimer «Dieu seul». Mais au moment de notre mort, quand le but semblera presque à notre portée, quand une éternité de «rien d'autre que Dieu» sera toute proche, nous devrons peut-être prendre conscience tout à coup que nous ne pouvons nous attendre — sur terre ou au ciel — à aimer seulement Dieu! Le ciel est rempli de gens à aimer!

Il ne m'apparaît donc plus impossible de penser qu'à la fin, au moment de rencontrer celui qui *est* amour, quand l'amour infini sera répandu sur nous sans compter, sans conditions, en pur don, quand nous serons invités à entrer sans retour dans une éternité d'amour, nous soyons pris de panique, que nous refusions et que nous nous retirions derrière les murs du soi en souhaitant qu'on nous laisse tranquilles, seuls: en enfer. Lorsque nous nous fermons à l'amour, nous sommes pris au piège dans la prison de notre moi et nous brûlons dans le feu du ressentiment et de la peur. Lorsque nous rejetons l'amour, nous rejetons le ciel et choisissons l'enfer.

Une éternité d'enfer

Toutefois, si «aller en enfer» n'est pas un châtiment imposé par un Dieu en colère mais plutôt un choix qui revient à chaque être humain, peut-on concevoir que ce choix soit «éternel»? Est-il possible que des êtres humains ne changent *jamais* d'avis? S'ils le font, comment Dieu pourrait-il refuser sa miséricorde à ceux et celles qui le supplient, même en enfer? Comment pourrait-il refuser d'entendre leur appel, en tout temps ou du moins au Jugement final à la fin des temps? Comment concilier une telle croyance avec l'affirmation de l'infinie miséricorde de Dieu?

Voilà des questions difficiles et douloureuses. Je crois qu'il est important de prendre conscience qu'elles n'ont cessé d'être posées depuis les premiers temps du christianisme. Certains théologiens ont conclu que, Dieu étant amour, jamais il ne pouvait refuser sa miséricorde à quiconque. Il accorderait son pardon à tous ceux qui l'implorent — même ceux qui sont en enfer. Certains sont même allés jusqu'à croire qu'à la toute fin personne ne serait laissé en enfer. Nous espérons et prions pour que cela se réalise effectivement. Pourtant, si difficile qu'il nous soit de concevoir qu'une personne continue de rejeter Dieu pour l'éternité, nous ne devrions pas oublier que cela est *possible* pour un être humain. Une «dernière chance» lui est offerte, mais la liberté de la refuser ne lui sera jamais enlevée.

De plus, n'oublions pas que, comme toutes les questions de foi, l'enfer est un mystère qui ne peut être résolu par un effort de l'esprit humain, par un appel à la logique ou par un argument théologique. Ici, comme pour toute autre question pénible à laquelle nous sommes confrontés dans la tradition chrétienne, nous ne pouvons atteindre la vérité par la *pensée*. Jamais nous ne serons dispensés du besoin de croire. La seule façon de «répondre» au problème de l'enfer est de mettre toute notre confiance en l'amour miséricordieux et compatissant de Dieu.

Une chose, cependant, ne fait aucun doute: nous n'avons pas le droit de conclure que quiconque est allé ou ira en enfer. En fait, il nous est interdit de le penser de quiconque, si mauvais et pervers semble-t-il. Jamais nous ne devons présumer savoir qu'une personne a «survécu» ou «survivra» à sa rencontre finale avec Dieu. Tout ce que nous savons, et tout ce que nous avons besoin de savoir, c'est qu'il est possible pour une personne de refuser de choisir l'amour. Nous pouvons prier et, je crois, nous pouvons espérer que personne ne fera ce choix terrible. Je sais que *je* dois prier pour ne pas que *je* fasse un tel choix. C'est une possibilité terrifiante, et il importe de ne jamais l'oublier.

Un printemps éclatant de joie

Si nous refusons de nous abandonner à l'amour, c'est le plus souvent parce que nous avons peur de la souffrance que cela pourrait nous causer. Bien sûr, il est souvent douloureux de faire tomber les barrières protectrices que nous avons érigées autour de nous, de sortir d'une prison dans laquelle nous avons passé toute notre vie, d'entrer en relation avec un autre. Particulièrement si cet «autre» est Dieu: il nous demandera peut-être ce que nous sommes le moins prêts à donner, il nous demandera peut-être d'accepter beaucoup de souffrance, et même la mort, par amour.

Mais nous ne sommes pas toujours appelés à marcher sur le chemin de la souffrance. Il arrive que la mort à soi se retrouve dans un abandon au bonheur, dans une activité créatrice, dans la discipline du travail bien fait, dans la beauté et la joie. La joie nous pousse à sortir de notre petit moi pour nous permettre de grandir. La joie nous empêche de rester recroquevillé dans notre coin, de continuer à nous sentir exclu, rejeté, seul. La joie nous met en relation avec l'ensemble de la création et permet à la grâce de Dieu de nous inonder, de nous guérir et de nous transformer. La joie est un signe de la présence de Dieu, de sa venue pour nous libérer de nos esclavages, pour nous appeler à sortir de la prison de notre petit moi, pour nous *diviniser*. La joie est notre réponse la plus complète à la beauté et à l'amour de Dieu. Quand nous refusons l'amour, nous refusons non seulement la souffrance, mais aussi, surtout, la joie.

La joie et la souffrance ne s'excluent pas mutuelle-ment. Voilà le grand mystère chrétien de la souffrance: quand la souffrance et même la mort sont acceptées de façon créatrice — *quand* nous ne faisons pas seulement les *supporter* mais que nous les *accueillons* comme la volonté de Dieu et un signe de sa présence agissante en nous —, elles ne détruisent pas la joie mais la rendent plus profonde. La souffrance et la mort peuvent toujours être ouvertes à la joie; elles peuvent devenir pour nous un «printemps éclatant» de joie.

Dans l'ensemble, les chrétiens d'Occident ne sont pas suffisamment conscients de cette vérité. Peut-être parce que nous avons tendance à considérer joie et plaisir comme synonymes, et qu'en notre for intérieur tout plaisir est encore suspect. Peut-être parce que nous avons tendance à ne voir dans la souffrance rien d'autre que le mal et que nous considérons la mort comme le plus grand de tous les maux, nous ne voulons pas vraiment croire que la souffrance et la mort puissent être porteuses de vie et sources de joie. Notre peur de la souffrance nous garde prisonniers. Nous ne considérons pas qu'il vaut la peine de souffrir et de mourir pour le paradis — si toutefois nous y croyons.

Le paradis

Plusieurs d'entre nous ont une malencontreuse et pitoyable idée du paradis. Peut-être le voyons-nous comme un endroit où nous espérons aller, en récompense pour nos bonnes actions. Nous semblons croire que le paradis nous transfère simplement de cette réalité terrestre, cette «vallée de larmes», à une réalité où tout est beau et merveilleux, où tout le monde est heureux, où il n'y a plus de souffrance ni de douleur. Même lorsque nous croyons que le paradis est «là où nous verrons Dieu», nous pensons souvent que nous le verrons, pour ainsi dire, à l'extérieur de nous, que nous nous tiendrons *devant* lui et le regarderons de nos propres yeux.

Toutefois, le paradis n'est pas un «endroit» où nous allons, mais une réalité que nous devons *devenir*. Le paradis, c'est la vie éternelle — la vie de Dieu devenue aussi la nôtre. En d'autres mots, nous «entrons» au paradis à travers le processus décrit précédemment: en mourant à nous-mêmes et en devenant «un autre Christ», c'est-à-dire en étant divinisés, en devenant un avec Dieu. Au ciel, Dieu est «tout en tous» (*1 Corinthiens* 15, 28). Cela signifie que *l'amour* est tout en tous et que, à moins que nous ne devenions amour, il n'y a pas de place pour nous au paradis. Nous n'y sommes tout simplement pas à notre place.

Pourtant, dans la tradition chrétienne, devenir un avec Dieu n'est jamais compris comme «fusionner» avec lui et cesser d'exister en tant que personne pleinement consciente et distincte. Dieu est toujours, éternellement, conscient de nous et présent à nous. Mais nous aussi, à notre façon, petite et limitée, nous demeurons présents à lui et conscients de sa présence. L'union à Dieu est une *communion de personnes*. Sans présence, sans conscience personnelle, il ne peut y avoir de paradis tel que le comprennent les chrétiens. Il ne pourrait y avoir que le «Vide» — une paix infinie peut-être, mais ce ne serait pas la *vie éternelle* de chacun.

Nous sommes souvent attirés, il me semble, par des façons de croire qui ont l'air de nous offrir la possibilité de laisser derrière nous ce que nous percevons être les limites de notre conscience personnelle, de notre moi individuel. Peut-être brûlons-nous du désir de fusionner avec le Moi divin, l'unité divine, de «plonger» en Dieu et de disparaître. Notre petit «moi» limité peut nous sembler être un fardeau terrible, notre personnalité, une forme de réflexe conditionné, notre finitude, un esclavage. Nous frémissons à l'idée de devoir porter ce fardeau dans l'éternité.

Mais être une personne, c'est bien plus que d'avoir une personnalité ou un «moi» individuel. Dieu s'est lui-même révélé à nous comme une Personne (ou, plus exactement, comme une communion de personnes: la sainte Trinité). Nous comprenons donc que notre existence — notre «être une personne» — est une image indélébile — une icône — de la «Personne» de Dieu. C'est en tant que personne que nous entrons au paradis et faisons l'expérience de la présence de Dieu. Nous accueillons l'infini non pas en nous fusionnant avec lui, en nous fondant en lui, mais uniquement par l'union de notre finitude avec Dieu, dans l'amour.

Si nous comprenons l'amour au sens où l'entendent les chrétiens, nous ne pouvons considérer notre personne comme une prison de laquelle nous devons espérer être libérés. Comme me le faisait remarquer il y a quelques années un moine orthodoxe, être une personne peut sembler contraignant uniquement si notre perspective est autre que celle de l'amour. C'est par l'amour du Christ que l'on sort de soi — amour que nous faisons nôtre —, que chaque créature humaine a la possibilité de «s'étendre» et d'embrasser l'infini.

Bien sûr, nous comprenons très mal ce que signifie être une personne divinisée, être une «présence» ressuscitée avec le Christ et assise avec lui dans la gloire, être un *saint*. Nous n'avons aucune idée de ce que cela signifiera d'être une personne au-delà de l'espace et du temps, là où il n'y aura ni mot, ni concept, ni illusion, ni péché. Jamais nous ne pourrons saisir ce que cela signifiera de voir Dieu non pas dans le miroir de notre esprit et de notre imagination, non pas dans l'obscurité de la foi, mais «face à face»; ce que ce sera d'être entièrement rempli de la présence de Dieu, d'être entièrement dans l'amour. Le mystère du ciel est le mystère de la communion des saints: mystère de la présence de Dieu au cœur de la réalité, mystère des êtres humains présents à Dieu mais aussi les uns aux autres dans le Christ.

La communion des saints

Parce que nous ne pouvons aimer Dieu sans nous aimer les uns les autres, la communion des saints est aussi communion avec tous les êtres humains de tout temps. Les saints sont ceux qui se sont entièrement ouverts à l'amour infini de Dieu et qui ont permis à cet amour d'être répandu, à travers eux, sur chaque personne qu'ils rencontraient, sur tout ce qu'ils touchaient. Les saints sont en communion non seulement avec les anges et les autres saints, mais avec tout le monde et avec toute chose. Ils sont ouverts à l'ensemble de la création.

La communion des saints n'est pas une doctrine à laquelle nous «devons» croire parce qu'elle fait partie de notre *Credo*, mais plutôt une réalité d'amour à vivre. Elle n'est pas un enseignement au sujet de saints qui nous ont «quittés» et sont allés au ciel, mais la conscience de leur présence vivante. Elle est «relation vivante entre des personnes» présentes, passées et futures, une relation rendue possible par la présence — au-delà de l'espace et du temps — de l'Esprit Saint en chacune d'elles[24]. La communion des saints est la vie éternelle du ciel déjà présente à nous et en nous; elle est la vraie vie de l'Église.

L'Église terrestre, si humaine et pécheresse qu'elle puisse nous sembler, participe déjà à la vie de l'Église céleste. L'Église est une communion de personnes, les vivants et les morts. Nous sommes tous reliés, présents les uns aux autres, nous appuyant les uns sur les autres, partageant les dons et les trésors de notre foi. Par-dessus tout, nous possédons l'Esprit Saint: le don de la présence de Dieu. Voilà la réalité fondamentale de notre foi. Le Christ est au milieu de nous et nous sommes un avec l'Église céleste.

Qu'en est-il de nos propres morts? Il est étonnant de constater que, même si nous affirmons croire en la «vie éternelle», la plupart d'entre nous pensons rarement à nos morts comme étant réellement présents à nous. Nous nous rappelons d'eux et les pleurons, nous pensons à eux avec amour — ou parfois avec douleur et regret —, mais nous ne croyons pas vraiment à leur présence parmi nous. Nous pensons qu'il est dorénavant trop tard pour mieux les connaître, pour les aimer davantage ou nous réconcilier avec eux. Pourquoi est-il trop tard? Qu'est-ce qui nous empêche de connaître ceux et celles qui sont déjà morts? Pourquoi est-il trop tard pour développer une rela-tion avec eux? Pourquoi est-il trop tard pour pardonner et pour être pardonné? Nos morts ne nous ont pas quittés: ils font, eux aussi, partie de la communion des saints; ils prient pour nous, nous prions pour eux, et notre relation se poursuit. La mort ne met pas fin à l'amour.

L'amour au-delà de la mort

La prière pour les morts, puissante expression de cet amour, fait partie de l'enseignement chrétien depuis les origines. Parce que les morts demeurent vivants aux yeux de Dieu, parce que dans l'éternité la mort n'a aucun sens, nos prières et nos bonnes actions offertes pour eux peuvent les aider, de façon connue de Dieu seul. Cette vérité demeure partie intégrante de l'enseignement tant des catholiques que des orthodoxes, même si les deux Églises diffèrent quelque peu dans leur manière de l'aborder.

Depuis au moins le treizième siècle, l'Église catholique enseigne l'existence du purgatoire — un «endroit» ou plutôt un «état» dans lequel se retrouvent plusieurs âmes des fidèles défunts, sinon toutes, après la mort[25]. Ces âmes n'ont jamais renié ni rejeté leur foi; elles ne se sont jamais, par leurs mauvaises actions, coupées de la communion des saints. Elles n'ont pas rejeté l'amour, elles n'ont pas choisi l'enfer. Mais, au cours de leur vie, elles ne se sont peut-être pas entièrement ouvertes au travail de la grâce, elles n'ont peut-être pas suffisamment aimé et ne sont pas encore prêtes à entrer pleinement en présence de Dieu. Elles ont encore besoin d'être purifiées. C'est ce qu'elles «font» au purgatoire, avant le Jugement dernier où toute «purgation» sera sans doute complète, où toutes seront admises en compagnie des saints.

De leur côté, les orthodoxes ont toujours refusé de s'engager dans des «définitions» et des explications des réalités spirituelles qui ne sont pas clairement autorisées par l'Écriture ou par l'enseignement des Pères de l'Église ou d'autres grands saints. C'est le cas du purgatoire dont l'existence est rejetée par la plupart des théologiens orthodoxes. Même si elle insiste sur le besoin et l'importance de la prière pour les morts, l'Église orthodoxe préfère ne pas se prononcer sur ce que Dieu fait des péchés et des imperfections de ceux et celles qui meurent dans la foi. Si certains persistent à spéculer là-dessus, ils peuvent citer les paroles entendues par saint Antoine un jour où il s'inquiétait de cette question: «Sois attentif à toi-même, Antoine, car ce sont des jugements de Dieu et il ne t'est pas utile de les connaître[26].»

Toutefois, que nous soyons catholiques ou orthodoxes, nous avons la même œuvre d'amour à accomplir: prier pour ceux et celles qui nous ont précédés, comme eux-mêmes prient pour nous. Nous devons demeurer présents à eux, comme eux sont présents à nous. La mort ne nous divise pas, elle ne nous rend pas inaccessibles les uns aux autres; nous partageons la même réalité d'amour.

L'Heure

Nous avons déjà part à l'éternelle réalité d'amour, mais nous sommes aussi encore ici-bas, sur cette terre, en cet instant de vie. Nous n'avons pas encore vécu notre mort. Même si nous pouvons nous entraîner très fort à la vivre, y réfléchir très profondément et prier, nous ne saurons pas à quoi nous attendre et nous serons probablement terrifiés quand nous devrons l'affronter. Pourtant, notre foi nous assure que nous ne serons pas laissés seuls et sans aide.

L'Église nous accompagne et nous soutient tout au long du chemin. Nos amis et notre famille s'assembleront autour de nous pour nous tenir compagnie, pour prier avec nous et pour nous, quand nous ne pourrons plus prier pour nous-mêmes. On allumera un cierge, signe de la présence du Christ et de sa victoire sur toute mort. Nous serons marqués de l'huile sainte comme promesse du salut et nous recevrons la communion, le *viatique*, notre «pain pour la route». L'Église sur terre nous remettra entre les mains de l'Église du ciel; nous serons plongés dans la communion des saints.

Les anges, ainsi que tous les saints, seront sommés de nous conduire et de nous aider. La Mère de Dieu se tiendra à nos côtés, comme elle s'est tenue au pied de la croix. Nous qui l'aurons priée toute notre vie, nous n'oublierons pas d'implorer sa protection «à l'heure de notre mort». Elle, la mère de tous, ne pourra certainement pas nous abandonner au moment où nous avons le plus besoin de son soutien. Parce que

nous sommes pécheurs, parce que nous avo█
encore et encore, elle nous consolera et nous rappe█
l'infinie miséricorde qui nous attend. Appelée la *Por█ du ciel*, elle nous accompagnera à l'heure du passage.

Et quand nous serons finalement de l'autre côté, quand notre route sera terminée et notre mort complète, l'Église nous ensevelira avec des prières et des cierges, au son des chants et des cloches. Le prêtre sanctifiera notre corps avec de l'encens et le bénira avec la sainte croix. Nos amis viendront nous rendre un dernier hommage et nous dire adieu. Ils nous porteront au cimetière et nous couvriront de terre. Ils placeront des fleurs sur notre tombe et pleureront peut-être. Et il faut qu'il en soit ainsi. Nous aurons été là pendant un bon moment, nous les aurons aimés, ils nous auront aimés, et nous devrons alors partir.

C'est ainsi que les chrétiens sont morts depuis des siècles. Nous devrions nous assurer d'avoir le droit de partir de cette façon. Nous ne devons pas permettre à notre monde étrange et apeuré de rendre notre mort aussi insignifiante et discrète qu'il le souhaite. Notre mort n'est pas insignifiante. Elle est la plus grande heure de notre vie terrestre, l'entrée dans l'éternité et notre rencontre avec Dieu. Et notre tombe, le tombeau dans lequel nous reposerons finalement, est une terre sacrée, un signe non pas de défaite mais de victoire. Elle est une icône du tombeau glorieux du Christ.

Le tombeau vide

Quous prions et méditons sur notre propre mort et que nous approchons de la fin de notre existence terrestre, nous prenons de plus en plus clairement conscience de l'énorme signification qu'a pour nous le tombeau du Christ, le Tombeau vide. Parce que nous avons été «baptisés dans la mort du Christ», parce que nous sommes «morts avec lui et avons été ensevelis avec lui», son tombeau est aussi le lieu de notre dernier repos. C'est là que notre mort est vaincue, que nos péchés sont enterrés, c'est là que nous sommes sanctifiés, prêts pour le paradis. C'est de là que nous «ressusciterons avec lui» dans la gloire. Peut-être pouvons-nous affirmer que le Tombeau du Christ est le lieu de notre purification, la salle d'attente du paradis.

Dans l'ensemble, les chrétiens d'Occident accordent peu d'attention au Tombeau vide. Il est pour nous l'endroit où le Christ fut enterré pendant une courte période de temps, un site de la Terre sainte: un endroit à visiter, peut-être une fois dans sa vie, mais pas vraiment signifiant dans notre propre vie. Nous nous rappelons les événements de la mort du Christ, son ensevelissement, sa résurrection, mais le mystère du Tombeau vide — Dieu triomphant de la mort — a presque disparu de notre conscience et de nos liturgies, même pendant la Semaine sainte. Nous pensons beaucoup aux souffrances et à la douleur du Christ, et finalement à sa mort, mais presque jamais à son tombeau. Le Vendredi saint, nous laissons le Christ mort, pour ainsi dire; nous fermons la porte et nous partons. Nous pensons peu à lui, jusqu'à ce que nous le revoyons ressuscité le dimanche de Pâques[27].

La tradition orthodoxe, pour sa part, continue de mettre l'accent sur ce point. Il est très signifiant de constater, il me semble, que dans la vie de l'Église orthodoxe, même si la croix est toujours exaltée et vénérée, le Tombeau vide demeure le grand symbole de la Passion. On le voit clairement à travers toutes les liturgies, mais particulièrement pendant celles de la Semaine sainte.

Comme il est signifiant, ce respect pour le Tombeau vide! Il nous conduit immanquablement au cœur du mystère de la mort! La liturgie de l'ensevelissement du Christ au soir du Vendredi saint, son image tendue dans le calme de la mort, le deuil, l'attente — comme tout cela semble *juste*! La descente du Christ parmi les morts, la rupture des portes de l'enfer, la lumière pénétrant les ténèbres de la mort, la confusion et le désespoir de l'Ennemi: l'Église orthodoxe le vit, elle le chante, elle en est fière! Comme elle est incroyablement puissante et *joyeuse*, la résurrection, quand elle se libère des ténèbres, de l'enfer, de la nuit de la mort!

Et comme il est profondément signifiant, le Tombeau vide, comme signe de notre propre transformation et de notre résurrection! Car à la fin, lorsque nous serons allongés au bord de la mort, apeurés et entièrement «défaits», nous verrons sûrement que toutes nos petites morts quotidiennes, tous les petits tombeaux dans lesquels nous sommes entrés n'étaient que des pas nous menant à ce glorieux tombeau. Nous reposerons là, sur la pierre de sa mort, jusqu'à ce que «tout soit accompli», que toute espérance soit comblée, que le monde naisse à nouveau et que nous soyons appelés à rencontrer Dieu face à face.

La résurrection

L'espérance chrétienne en une «recréation du monde» est fondée sur la croyance en la seconde venue du Christ, lui qui viendra juger et restaurer toute chose, pour que Dieu soit «tout en tous». L'acte final de l'histoire du salut ne sera pas un acte de destruction — comme on le suppose souvent — mais de *résurrection*. La fin du monde tel que nous le connaissons et sa renaissance dans la gloire commencera avec la résurrection de chaque être humain. La croyance en la résurrection *des corps* «au dernier jour» est un élément de base du christianisme dont l'enseignement date des tout débuts. La nier, c'est mettre sérieusement en doute tous les autres aspects de l'enseignement chrétien. Comme l'affirmait saint Paul, si notre espérance en la résurrection est vaine, vaine aussi est toute notre foi.

La croyance en la résurrection des corps semble difficile à accepter pour plusieurs chrétiens d'aujour-d'hui: elle est si scandaleuse, si embarrassante même, qu'ils ont tendance à l'ignorer, à la réinterpréter en termes symboliques plus «acceptables», ou même à la nier. Peut-être préfèrent-ils la voir comme une «parabole»: une tentative de l'esprit pour imaginer l'inimaginable et exprimer la vie éternelle de l'esprit sous forme «corporelle». Ils pourraient soutenir que l'immortalité de l'âme ou de l'esprit est l'objet important de la foi, et que le corps n'est qu'un aspect «extérieur» de la vie, une «enveloppe» matérielle visible pour un esprit invisible: nécessaire pour la vie en ce monde, mais soudainement inutile pour l'éternité.

Une telle «réinterprétation» de la croyance chrétienne n'est pas toujours une tentative pour la rendre plus «rationnelle», plus acceptable à l'esprit scientifique moderne. Elle est peut-être aussi le résultat d'une tendance, une *tentation*, constante à travers l'histoire de l'Église, à considérer le corps comme une *partie inférieure* de la personne humaine, et même pécheresse et mauvaise — comme une *prison* de l'esprit. Si nous voyons notre corps de façon aussi négative et fondamentalement non chrétienne, alors l'idée même que cet aspect inférieur de nous-mêmes, cette prison, s'avère être notre sort pour l'éternité a vraiment de quoi nous horrifier.

Mais, comme nous l'avons vu, la tradition chrétienne affirme que pour entrer dans la vie éternelle il nous faut devenir «comme le Christ», c'est-à-dire vivre et mourir avec lui mais aussi ressusciter avec lui — dans notre corps, comme il l'a fait. Ce sera notre corps, «et pas un de ses cheveux ne sera perdu», dit saint Macarius. Pourtant, il sera aussi transformé «car, libéré de la grossièreté de la chair déchue, le corps ressuscité partagera les qualités du corps humain du Christ lors de la Transfiguration et de la Résurrection»[28]. Après sa résurrection, les disciples ont eu de la difficulté à reconnaître le Christ au début. D'une certaine manière, il était différent, et pourtant il était aussi le même. Il a parlé et mangé avec eux, il a marché avec eux, il les a touchés, on l'a vu monter aux cieux. Il est désormais «assis à la droite du Père», Homme-Dieu pour le «monde sans fin». Il reviendra et nous serons alors nous aussi «ressuscités» dans la plénitude de notre humanité et glorifiés avec lui pour l'éternité.

Une fin inimaginable

Il se peut que nous trouvions troublante cette insistance sur la résurrection des corps; peut-être nous est-il impossible d'y croire; peut-être refusons-nous tout simplement de la prendre au sérieux. Jamais nous n'arriverons à la comprendre. Toutefois, est-elle plus «incroyable» que l'incarnation? Plus difficile à croire que notre propre transformation en un autre Christ ou que le fait que nous «survivrons» à la mort? Il s'agit d'une seule et même réalité: soit possible, soit impossible à croire. Mais si nous y croyons, quelle immense vue s'ouvre devant nous! Quel monde d'espérance inimaginable!

Nous ne pouvons pas encore comprendre ou même imaginer comment un tel être ressuscité — une personne divinisée, glorifiée — se présentera, fonctionnera ou vivra. Nous ignorons comment «fonctionnera» le monde ressuscité. Nous sommes incapables d'imaginer comment ce qui fut «semé corruptible» ressuscitera «incorruptible» (*1 Corinthiens* 15, 42). Mais nous n'avons pas besoin de le savoir ou de l'imaginer. Tout ce que nous avons besoin de savoir et de croire, c'est que les Écritures seront accomplies; qu'il y aura un «événement» dans le temps (ou à l'extérieur du temps, impossible de le savoir) où nous serons rappelés dans la plénitude de la vie de notre corps/âme/esprit et où nous rencontrerons notre Seigneur et Juge face à face: nous serons jugés. Ce fait nous remplit peut-être de peur; cependant, notre foi nous assure que ce sera un jugement non pas de colère et de condamnation, mais uniquement de miséricorde et d'amour. Il ne nous écrasera pas, mais nous guérira et nous ramènera à la vie.

Nous croyons qu'à la Fin l'ancien monde sera consumé par le feu de la présence de Dieu finalement dévoilée, et qu'il y aura «un ciel nouveau et une terre nouvelle». Toute chose renaîtra au matin d'une nouvelle ère, et nous verrons de nos yeux humains, nous entendrons de nos oreilles humaines, nous toucherons de nos mains humaines et nous ferons, avec notre cœur humain, l'expérience d'une réalité au-delà de tout ce que nous aurons pu connaître ou comprendre dans cette vie: une gloire et une beauté au-delà de tout ce que nous aurons pu imaginer, un amour au-delà de tous ceux que nous aurons pu espérer ou désirer. Puis, finalement, notre itinéraire prendra fin, les portes de l'éternité s'ouvriront toutes grandes à jamais. Il n'y aura plus de souffrance, de peur ou de larmes, seulement l'amour infini et une joie débordante.

Notes

1   Il est important de le comprendre. En effet, bien des gens
religieux ont souvent été tentés, particulièrement en notre
époque «scientifique», de rendre la réalité spirituelle plus
«crédible» en essayant de la réconcilier avec la pensée
scientifique de l'époque. Ainsi, certains affirment aujourd'hui
que la physique moderne, avec sa conception post-
newtonienne de la matière et de l'énergie, a permis de voir la
réalité spirituelle comme une forme d'«énergie» ou de «force»,
et donc comme un aspect de l'univers «naturel», même si on
ne comprend pas encore comment. Ils espèrent que la réalité
spirituelle sera un jour «légitimée» par la science.

D'un point de vue religieux, cependant, la réalité spirituelle
ne peut être assimilée à un quelconque aspect de la réalité
physique. En d'autres mots, la croyance en l'éternité — comme
en tout autre aspect de la réalité spirituelle — ne pourra jamais
faire l'objet d'une enquête scientifique; elle demeurera
toujours objet de foi. Jamais nous ne serons dispensés de nous
«dépasser», au-delà des conclusions auxquelles peuvent nous
conduire les études scientifiques.

2   *Catéchisme de l'Église catholique*, Mame/Plon, 1992, n° 363.

3   Cette expression magnifique a été utilisée par une femme de
93 ans dans une lettre adressée à la revue *Parabola* (hiver 1999,
p. 138).

4   Elizabeth Kübler-Ross, *Les derniers instants de la vie*, Paris,
Labor et Fides, 1969.

5   Ce point est explicité dans le livre de Seraphim Rose, *The Soul
After Death* (The Herman of Alaska Brotherhood, 1980).
Notons que plusieurs orthodoxes ne sont pas d'accord avec
les conceptions de la vie après la mort présentées dans cet
ouvrage.

6   *Mother Maria: Her Life and Letters*, édité par Sr Thekla
(Londres, Darton, Longman and Todd, 1979, p. 118-199). Mère
Maria (Lydia Gysi), religieuse orthodoxe, a fondé le monastère
de l'Assomption dans le North Yorkshire, en Grande-Bretagne.
C'est là qu'elle mourut en 1977. Même si je n'ai jamais
rencontré mère Maria, sa pensée a eu sur moi une grande
influence. J'ai écrit sur elle et sur ma «rencontre» avec elle
dans *Encounter with a Desert Mother* (Peregrina Publishing
Co., Toronto, Ontario, 1997). Le chapitre 6 de ce livre m'a donné
l'idée d'écrire le présent ouvrage.

7   Évêque Kallistos Ware, *Approches de Dieu dans la tradition orthodoxe*, Paris, Desclée de Brouwer, 1982, p. 207.

8   Saint Thomas d'Aquin, *Somme Théologique*, 2-2, 2, 9, cité dans *Catéchisme de l'Église catholique*, n° 155.

9   *Catéchisme de l'Église catholique*, n° 170.

10 Catherine de Hueck Doherty naquit en Russie en 1896, pays qu'elle fuit après la Révolution. Arrivée au Canada en 1929, elle travailla avec les pauvres pendant la Grande Dépression, d'abord à Toronto puis à Harlem, aux États-Unis. En 1947, avec son mari, Edward Doherty, un journaliste bien connu, elle s'installa à Combermere, une petite communauté rurale de l'Ontario. C'est là qu'elle fonda l'apostolat Madonna House, une communauté de laïcs, hommes et femmes, et de prêtres voués à «vivre l'Évangile sans compromis». Elle mourut en 1985. L'Apostolat compte aujourd'hui plus de 200 membres, à Combermere et dans plus de vingt maisons dispersées à travers le Canada, les États-Unis et outre-mer. Catherine Doherty écrivit plusieurs livres, le plus célèbre d'entre eux étant peut-être *Poustinia* (mot russe signifiant désert), publié en 1975 par Ave Maria Press. Ce livre décrit le mode de vie des *poustiniks* russes ou ermites — un chemin de prière et d'amour — et montre comment des hommes et des femmes ordinaires peuvent l'intégrer à leur vie quotidienne dans le monde contemporain.

11 *De Spirituo Sancto*, cité dans *Catéchisme de l'Église catholique*, n° 163.

12 Sainte Thérèse de Lisieux, *Histoire d'une âme*, Manuscrit G, 18 v, édition selon la disposition originale des textes authentiques présentés et annotés par Conrad de Meester, Sarment, 2001, p. 232.

13 *Derniers entretiens*, Carnet jaune, 11 septembre 1897, 4e parole. Édition du Centenaire, Cerf, 1992, Desclée de Brouwer, p. 361.

14 Vladimir Lossky, *Orthodox Theology*, St. Vladimir's Seminary Press, 1989, p. 91.

15 *Ibid.*, p. 128.

16 Saint Maxime le Confesseur, cité dans Kallistos Ware, *The Orthodox Way*, Penguin Books, 1962, p. 236.

17 Comme me le faisait remarquer mon frère, Fr. J.A. Ihnatowicz de l'University of St. Thomas, à Houston, il semble n'y avoir aucune mention des deux «soi» dans la littérature chrétienne au moins avant le huitième siècle. Les Pères de l'Église parlaient plutôt de «l'ancien Adam» (l'homme déchu) et du «Nouvel Adam» (le Christ et ceux qui sont unis à lui). Ils parlaient aussi de la «vie de la chair» et de la «vie de l'esprit». Dans les deux cas, comme saint Augustin l'indiquait clairement, c'est l'être

humain tout entier qui était désigné: corps, âme et esprit. Cela signifiait qu'une personne vivait toujours sous la domination du péché ou qu'elle était déjà «morte au péché» et restaurée par la grâce, telle que Dieu l'avait créée.

18 Julienne de Norwich, *Le Livre des révélations*, Paris, Cerf, 1992, p. 116.

19 Voir la liturgie de saint Jean Chrysostome.

20 Catherine Doherty aimait dire: «L'homme est fait en forme de croix: il tend une main vers Dieu, mais malheur à lui s'il n'étreint pas [son prochain] avec l'autre!» Elle se décrivait souvent comme «une femme en amour avec Dieu» et nous appelait tous à «annoncer l'Évangile par notre vie».

21 Le métropolite Anthony Bloom affirma un jour qu'il aimait penser que le mot grec pour miséricorde, *eleos*, était semblable à celui utilisé pour désigner l'huile d'olive qui, dans les temps anciens, servait à guérir les blessures. Cette origine, si peu scientifique soit-elle, a l'avantage de très bien exprimer la véritable signification de la miséricorde. De façon plus «scientifique», mon frère a déjà fait remarquer qu'on peut traduire *eleos* par «amour compatissant». *Eleos* désigne le type d'amour qu'une personne forte éprouve pour une personne plus faible: le don gratuit de quelque chose qu'on ne peut acheter, mériter ou s'approprier soi-même. Il est aussi intéressant de mentionner que dans les langues slaves l'expression «faire miséricorde» peut être traduite par «être transporté par l'amour». Ainsi, en polonais, quand nous disons: «Seigneur, fais-moi miséricorde!», nous disons en fait: «Seigneur, aime-moi!»

22 *Catéchisme de l'Église catholique*, n° 1730.

23 Vladimir Lossky, *op. cit.*, p. 80.

24 Mère Maria Gysi, *Letters*, p. 30.

25 *Catéchisme de l'Église catholique*, n° 1030-1032.

26 Évêque Kallistos Ware, *L'orthodoxie: l'Église des sept conciles*, Paris, Desclée de Brouwer, 1998.

27 Dans certains pays catholiques, des traditions locales commémorant et célébrant le Tombeau vide survivent. On le mentionne également dans la liturgie des Heures catholique (laudes, vêpres et matines) prescrite pour la Semaine sainte, mais ces prières sont dites surtout par les prêtres et les religieux; elles sont inconnues de la plupart des catholiques. Les liturgies de la Semaine sainte n'en font presque pas mention.

28 Évêque Kallistos Ware, *Approches de Dieu dans la tradition orthodoxe*, p. 211.

Table des matières